中原名师
出版工程

小学语文
创新作业多元设计

◎李桂荣 主编

河南科学技术出版社
·郑州·

图书在版编目（CIP）数据

小学语文创新作业多元设计 / 李桂荣主编. —郑州 ：河南科学技术出版社，2023.7

ISBN 978－7－5725－1192－9

Ⅰ. ①小… Ⅱ. ①李… Ⅲ. ①小学语文课－学生作业－教学设计 Ⅳ. ①G623.202

中国国家版本馆 CIP 数据核字（2023）第 113321 号

出版发行：河南科学技术出版社

地址：郑州市郑东新区祥盛街 27 号　　邮编：450016

电话：(0371) 65788890　65788858

网址：www.hnstp.cn

策划编辑：孙　珺

责任编辑：孙　珺

责任校对：耿宝文

封面设计：张　伟

责任印制：朱　飞

印　　刷：河南博雅彩印有限公司

经　　销：全国新华书店

开　　本：720 mm × 1020 mm　1/16　印张：17.5　字数：386 千字

版　　次：2023 年 7 月第 1 版　2023 年 7 月第 1 次印刷

定　　价：52.00 元

编委会

序

我担任河南大学教师教育学院副院长以来，因为工作的关系，接触了很多河南省基础教育界的名师。河南省内，郑州的名师最多，省会中小学多、教育资源集聚，人才济济，自不待言。濮阳的名师也很多，河南省教育家书院的第一批研究员中丁桃红老师来自濮阳，第二批研究员中李桂荣和都娟老师也来自濮阳，我感到事情并不偶然，濮阳的教师专业发展生态值得研究。收到李桂荣老师的邀请，为新书作序，我欣然答应。对我而言，这是一次走近李桂荣老师的机会，也是一次走近濮阳教师专业发展生态的机会。

在一次中原名师的活动中，我结识了李桂荣老师。近距离接触，李老师对专业发展的自觉、对教育教学的实干品质和对教育实践与理论融合的渴望都深深打动了我。自此之后，我就开始关注李老师。李老师爱学生、讲课好、勤思考、作品多。其执教课《黄山奇石》《想象作文》等10余节获国家、省、市优质课一等奖；在《小学语文》《中小学教材教学》等期刊发表文章100余篇。李桂荣老师出版过《从阅读走向悦读——如何提升学生的阅读兴趣与能力》《让学生站在课堂中央》《让成长花开有声》等书籍，分别关注阅读与兴趣、课堂与学生、网络教研与教师成长等。阅读、课堂和网络研修都是教师的日常实践，说的是事；（学生）兴趣、学生（地位）与教师（成长）涵盖教育的两个主体，说的是人。李桂荣老师团队一直主动思考教育场域中的事和人的关系。教育要素说到底就是人和事。这样说来，她们从要素互动意义上对教育的思考一直都没有停歇过，这样的思考对于辐射的学校有益，对于团队的发展也有益。扎根濮阳教育这片沃土，从要素互动意义上思考，转换角度思考，持续有序思考，这是一条豫派教育名家的成长之路。

李桂荣老师团队这次要出版的《小学语文创新作业多元设计》亦是关于教

育要素互动的思考：作业设计与学生发展。该书立足于减负提质的政策基调，立足于学科课程标准，立足于提升作业效能，三足鼎立，回应时代，实实在在，稳稳当当；中原名师李桂荣小学语文工作室交上的是一份“双减”背景下作业设计的特色答卷。本书有三大特色：特色之一在于从作业各个利益相关者的角度言明了各方立场，站在教育综合改革的基础上改造作业。作业无过错，关键是布置什么样的作业。作业折射出来的是教师的学生观、课程观、教学观和评价观。作业设计是否能够创新意味着设计教师是不是一位创新型教师，只有创新型教师才能培养出创新型学生。作业设计关系到“后浪”的品质和段位。创新先从超越教师自己开始，这是一个从“肯定”到“否定”再到“肯定”的过程，在做中学，边学边做，边做边改，边改边思考，道路艰辛，结局美好。精准地说，李桂荣老师团队在鲜活的育人实践中做出了这本书。这本身就是创造，创造着作业设计，创造着有关教的知识，创造着教师个体，创造着教师群体。本书的特色之二即在于此。特色之三在于将作业分为基础型作业、发展型作业和拓展型作业，并分别展示了各类作业的多元设计成果，体现了各类作业的差异和进阶特征。这符合作业的内在规律。李老师团队建构的是一个作业体系，集作业设计、批改讲评和个性化辅导等内容为一身，体现的是一种“大设计观”。我还看到，每部作业设计案例都有打磨过的痕迹，磨作业与磨课一样，过程虽然烦琐，但意义很重大，过程本身即是意义。展示，就是要展示最好的案例，展示精雕细琢的成果，展示团队集体思考的结晶。一部案例打磨并不太难，部部打磨则是系统工程。看得出，李桂荣老师的带兵能力很强。作为实践工作者编写的著作，本书的理论性有进一步提升的空间，但瑕不掩瑜，相信此书能为小学语文作业设计提供有益借鉴。

写本序的时候，正看到央视的一个公益广告，广告内容是奶奶教授中国画，告诉孙女留白的美妙。受此启发，我们还需要跳出作业看作业，不宜赋予作业过多的期待，要有留白，给孩子更多可以自由支配的时间。留白是美妙的，作业设计也要追寻美妙。此为初心。初心不改，笃行致远。

是为序。

王　晋

2023 年 1 月 13 日

前　言

在中原名师培育工程中，河南省教育厅授予濮阳市实验小学“河南省教师发展学校”荣誉称号，带领老师们成长发展是濮阳市实验小学义不容辞的责任。课堂教学首先是要站稳阵地，要把在课堂教学中遇到的问题、难题作为课题进行研究。“小学语文创新作业多元设计”是中原名师李桂荣工作室关注、研究的重点领域之一。工作室竭尽全力为教师开拓更广阔的发展平台，赋予教师更多的成长能量，增强教师的专业自信、教育自信。

为党育人、为国育才，创新作业设计是基础，更是作为教育人的责任担当。中原名师李桂荣小学语文工作室带领课题组成员承担了河南省基础教育教学研究项目“‘双减’背景下小学语文中高段优化作业设计的实践研究”，2022 年这一课题已经立项。关于作业这一主题，也是我国“双减”政策全面落地以来，教师们研究的一个热门话题。学生作业，尤其是刷题型的作业，是多年来禁锢教师与学生的顽疾，如今到了不改不行的地步，所以国家痛下决心要进行改革。自我 30 多年前从教那天起，小学语文最基础的作业，就是采取抄写词语、朗读句子，读读课外书、写写读书笔记等形式，其中多读书是我们一直所提倡的。记得 1996 年去山东烟台学习“大量阅读”先进做法，很是认同，更坚定了“大量阅读，读写并行”的信心。语文学科的性质不同，“听说读写背”仍然是核心。而如今处于 21 世纪信息时代，就一定要与时俱进。为党育人、为国育才是我们的目标，要培养创新型人才。如果还一味刷题，岂不是在浪费孩子的生命？尤其是基础教育阶段，小学生美好的童年时光是多么宝贵。所以改变作业的形式与内容，除了基础性作业，我们要创新作业，多元设计，这是作为教育者的责任担当。目前，研究关于作业的课题大有人在，相关图书也有出版，但相对来说还是较少。同样是作业的话题，由于是不同的人在研究，研究的内容又不一样，那么产出的事物也就有所不同。作为教师要有独特的思想与智慧，出版《小学语文创新作业多元设计》这本书，其意义是重大而深远的。世间很多美好的事物，并非都是触手可及的，要经过时间的酝酿和打磨才能抵达。我们怀着这个美好的愿望持续努力，相信人生没有白走的路，所有的付出都不会被辜负。

探索"双减"政策背景下优化作业设计的策略方法，创新减负提质的有效路径。作业是学生课堂学习成果的巩固和深化，是巩固所学知识、强化技能和发展学生思维的一个重要环节，是教师课堂教学的有效延伸，也是学生课外学习的一种重要方式。对教师来讲，布置作业是对学生学习成果的检查和监控，有助于了解学生对知识的掌握情况、及时解决学生学习中出现的困难和问题，所以作业是教师了解学生学习情况的重要手段，是把教师的教和学生的学紧密联系起来的一条纽带。在"双减"政策下，教师要立足实践，不断挖掘作业新内涵，以正确先进的作业观重新审视并突破教师原有的思维局限，要以发展的眼光看待作业。这本书呈现的是河南省基础教育教学研究项目"'双减'背景下小学语文中高段优化作业设计的实践研究"的研究成果之一，是小学语文教师对作业创新设计多方位、多层面、多角度的深入思考与实践探索。全书以"立足实践，树立先进的作业观；平等尊重，创设和谐沟通氛围；合理规划，发挥教师主导作用；减量提质，有效减轻作业负担；遵循规律，注重作业梯次设计；深度研究，突破作业设计模式"为出发点，从学生角度、家长评价、学校视域等多方面透视小学语文作业现状，分析现有的一些制约作业发展的因素，进一步探寻优化作业发展的路径。在语文学习任务群的引导下，紧紧围绕核心素养，通过鲜活的课堂教学实践案例，将教学理论阐述与作业设计实例分析密切结合，突破传统作业的固化体系，聚焦作业设计的多元化，重构系统性、可操作性、有成效的、具有推广价值的作业体系，研究作业的内涵、功能和价值，探索"双减"背景下优化作业设计的原则、策略和方法，创新减负提质的有效路径。在本书中，单元类作业，丰富着大单元教学实践，助推课堂教学变革；主题式作业，以实践活动为主线，充分适应学生核心素养发展的需求；个性化作业，基于学习差异分类分层设计，拓展学生多样化思维；合作类作业，通过任务的解决，培养学生沟通交往和合作的能力；跨学科融创类作业，融通多门学科，着力培育全面发展的学生，力促小学语文作业“色香味”俱全。

这本书具有重要的专业价值，是一线教师教育教学实践的脚手架、好帮手。中原名师李桂荣小学语文工作室立足于教师教学改革实践，旨在转变教师语文教学观念，提升教师语文教育素养，优化作业设计，增强作业趣味性，通过教师创新作业设计，真正实现“减负增效”。该书编者努力明晰教师作业设计的方向和思路，体现教师创新作业的广度和深度，践行针对学生个体差异进行分层作业，落实培育学生核心素养的目标。

一年多来，中原名师李桂荣小学语文工作室带领教师们实践研究、用心编写的《小学语文创新作业多元设计》这本书，内涵丰富，内容新颖，话题全面，形式灵活，教师们对于文字满怀敬畏感，推心置腹地与读者交谈。同时在研究创新作业多元设计的任务驱动下，我们工作室团队非常珍惜这一难得机会，主动思考，互相学习，历练蜕变，以不忘教育初心、牢记教育使命的坚定信念，踔厉奋发，不断地突破与超越。感谢我们工作室超强团队所凝聚的持续战斗力，促进实践研究取得了高质量的阶段性成果。感谢所有为此书出版做出贡献的良师益友。

李桂荣

2022 年 12 月 31 日

目　录

第一章
小学语文作业现状

第一节　从学生视角看作业

《教育大辞典》指出，课外作业是教学组织形式之一，是教师安排和检查学生在课外时间独立进行的学习活动，是课堂教学的延伸，有助于巩固和提高学生在课堂上所学的知识、技能，有利于学生自主学习能力和学习习惯的培养。《教育部办公厅关于加强义务教育学校作业管理的通知》明确提出，小学一二年级不布置书面家庭作业，小学其他年级每天书面作业完成时间平均不超过 60 分钟。而审视现在的小学生语文作业，依然存在很多问题，比如作业量大，作业的内容机械重复、评价方式单一等，过重的作业负担挤占了学生大量的课余时间，忽视了学生的个性化发展，削减了学生的学习兴趣，甚至严重影响了学生的身心健康，造成少部分学生厌学情绪的产生，也制约着教学质量的提高。因此，调查作业量和作业内容，分析作业的有效性和科学性，查找作业布置中存在的问题，厘清问题原因，推动教育主管部门积极研究、重新认识学生作业，制定行之有效的措施，从根本上减轻学生作业负担，促使小学阶段的作业改革势在必行。

一、传统机械性作业无趣无味

爱因斯坦曾经说过："兴趣是最好的老师。"有趣的作业会让学生乐于完成，情境化的作业可以提高学生的学习效率，有深度的作业可以引导孩子主动思考。

但是，学生对待作业往往持消极的态度，教学中经常看到这样的现象：在布置作业时，教师主动删减一项家庭作业，学生都会欢呼雀跃。在自习课上，即使没有其他的事情要做，学生也不愿主动完成已布置的语文、数学作业，而是优先选择自己感兴趣的音体美等综合学科作业去完成。为什么会出现这种现象？是因为语文、数学作业相较于综合学科作业而言，有时候显得枯燥无味。面对机械重复的工作，大人有时候也难免有所抵触；对于未成年的小学生来说，每天面对所布置的“抄写生字三遍、基础训练题、习作练习、试卷”等无休止的机械重复作业，自然很难一直保持极大的兴趣，那么此时，一块橡皮、一张废纸都会变成他们有趣的玩具，也难怪有些小学生在面对作业时会敷衍应付了。

爱玩是孩子的天性，因为在玩的过程中孩子能够充分享受到快乐，哪怕游戏难度较高、规则设置复杂，孩子们也能超常发挥，保持高涨的探索欲望和积极的钻研精神，去攻克一道道难关。小学阶段，学生自控能力尚且不足，在学校里，有教师的管理，有纪律的约束；回到家里，在自行完成作业时，面对不喜欢、不感兴趣的作业，不能把注意力完全集中于作业，不是东瞅瞅西看看，就是摸摸文具、翻看课外书；不是要喝水，就是上厕所，浪费了宝贵的时光，致使作业完成时间无限制地延长。有的学生还抱着给老师完成任务的心态来面对家庭作业，更不用期望他们能够主动学习了。试想，如果作业设计能够尽可能地贴近学生，从学生的视角出发，设计出像游戏一样既能让学生保持兴致盎然的积极状态，又能有效提升学习能力的富有趣味性、创新性的作业，那何愁学生不会快乐地完成作业呢？

二、小肩膀，重负担

作为教师，要努力提高教学质量，就要尽心做好教学工作。而有的教师把作业重要性前置到首位，对于后进生采取大量的练习、“课内损失课外补”的办法，希望在学习水平上缩短后进生与其他同学之间的差距。虽然教师普遍认为，作业是一种促进学生学习的方式，是一种提升学业水平的有效手段，布置大量的作业能达到一定的效果，但是在学生看来，这样的方法即使可以让自己学到更多的知识，同样也加重了自己的负担，减弱了学习动力，挫伤了学习积极性，导致学习效果不够理想。

通过和学生交流发现，单学科的大作业量还在学生的承受范围内，但是两个学科甚至三个学科的大量作业叠加，就会让他们感觉负担过重，这些过重的作业量很容易使学生产生消极情绪，敷衍对待，致使学生为完成作业而写作业，只追求作业的速度，而忽视作业的质量。同时，有些学生放学后还要继续参加各种社团活动，回到家中时往往已经晚上七八点了，就算吃完饭后马不停蹄地做作业，也要到九点多、十点才能完成。如果教师布置了有关背诵的作业，对于个别记忆力不是很强的学生来说，仅仅背诵这一项作业，就需要花费半个多小时，甚至更久的时间来完成，导致一些学习能力较弱的学生，感觉天天都在围着家庭作业转，没有时间放松身心，时常会有焦虑感和压迫感。

虽然教师也都能认识到作业量的问题，也经常研究讨论布置作业量的问题，但一般研讨都局限于同年级同学科的教师之间，不同学科的教师之间就作业量问题很少有交流，这就导致了虽然单学科的教师在有意识地控制学生的作业量，但由于各学科教师之间缺乏沟通和交流，最终学生的作业总量并没有减少，学生的课业负担并没有减轻。比如，就每周末布置的语文作业而言，基本上都是抄写在课堂上学过的生字，完成本周所学单元基础训练上的单元练习，完成一篇习作练习或试卷测试题，再加上阅读课外读物，在两天时间内完成这些作业并不难。但加上数学教师布置的练习作业和英语教师布置的抄写单词、口语练习、背诵打卡等作业，再加上特长班教师布置的额外练习作业，短短的周末两天时间已经被这些作业挤得满满当当，留给学生自由支配的时间就极少了。

面对每天过量的家庭作业和学习负担，学生休息和睡眠时间不可避免地受到压缩，学生得不到充足有效的休息，不能每天保持饱满的精神状态；受限于家庭作业和各种特长班时间安排，课外活动往往只能放在碎片时间去进行，导致课外活动时间短、可选择课外活动种类少，使得正处于长身体阶段的学生普遍缺乏体育锻炼，在一些大型活动或体育运动时，经常有学生因身体不适不能坚持到底。另外，由于放学之后还要写大量的家庭作业，反而使得学生逐渐养成书写潦草、办事敷衍的不良习惯；有些学生因为长时间盯着书本看，再加上坐姿不正确、灯光强弱不当等问题，小小年纪就不得不戴上眼镜，面对近视带来的困扰。而且，大量的作业还占用了学生汲取课外知识的时间，削弱了学生课外阅读的积极性，减少了学生参与课外实践的机会，不利于学生进一步拓宽知识领域、丰富文化底蕴，制约了学生核心素养的提升。

三、“大锅菜”无特色

根据对小学高年级段教师问卷调查结果显示，作业设计存在着“标准统一化、缺乏分层设计”等方面不足。只有少数教师会根据学生的差异设计分层作业，很大一部分教师布置作业还是一刀切、一锅端，全班同学的作业雷同或完全一致。采用这种方式布置的作业造成学习能力较弱的学生“吃不完”，学习能力较强的学生“不够吃”，没有顾及学生的个体差异，制约了学生得到最大化的发展。从对学生的问卷调查结果中得知，很大一部分教师从不布置分层作业，全班同学的作业千篇一律，没有任何区别。例如，把同步练习、报刊、试卷等习题册上的内容当作作业来布置；把课本资源库中的内容直接选为学生功课，只有极少数教师选择自定作业。这说明，目前小学生的作业来源比较单一，而教师能够根据学生实际情况自己动手布置作业的，则是凤毛麟角。教师布置作业的形式也比较单一，通常家庭作业应该包括：书面作业、口头作业、实践作业。但是问卷调查结果显示，大多数教师还是把书面作业作为家庭作业的主要组成部分，而口头作业只是作为辅助作业，用于补充学习，只有极少数教师会布置一些实践性作业。面对形式单一的作业，学生难免会产生厌烦心理，不能从学习中体会到快乐。

不少学生表示，希望教师能根据每个人的学习情况和个人爱好，设计不同的作业，也希望教师在作业方面给学生一定的自主选择性，教师布置的作业可分为必做题和选做题，这样更能调动学生的学习热情和兴趣。因此，教师需要对每个学生的学习水平、个人爱好等个人情况有所了解，对学习任务的难易程度、作业时长等方面做到心中有数，有的放矢，再根据实际情况尽可能为学生设计出多种形式、多种选择的作业，培养学生做作业的良好习惯，切实让学生喜欢作业，爱上学习。

第二节　从家长评价看作业

小学生在完成家庭作业的过程中，需要家长的陪伴、监督与辅导，而家长的文化素养、家庭的物质条件等因素也直接影响着辅导作业的效果，辅导作业的方式在很大程度上也决定着孩子的学习积极性。有些家长懂得如何激发孩子的学习兴趣，能够在孩子认知学习的过程中给予鼓励，通过积极的沟通交流，帮助孩子解决在学习中遇到的困难和问题。有的家长还在采取“棍棒教育”“高压教育”等不恰当方式，过度的指责、呵斥往往会挫伤孩子的自尊心，降低其自信心，因为辅导作业导致亲子关系紧张，影响家庭和谐，甚至有些家庭经常因辅导孩子写作业而闹得鸡犬不宁。

通过家长辅导家庭作业，应该形成家校教育的合力，为何有时竟演变成了家长包揽一切，孩子成了一旁看客？为何有些家长感觉辅导作业负担过重？为何家长辅导孩子作业带着诸多问题，甚至成了难题？这不得不引起我们的重视。站在家长的视角不难发现，主要存在以下几个原因。

一、家庭作业实践性强，家长知识储备不够

随着社会的不断变革，信息化快速发展，知识的传播模式不断创新，形式不断丰富，因此，传统的教育方式受到了极大的冲击，学生获得知识的途径逐渐多样化，对个性化教育的需求也逐步增加。在这样的情况下，家庭作业就成了标准化的学校教育和个性化的家庭教育之间的纽带。对于语文学科来说，传统教育模式下的家庭作业大多都是抄写、听写、背诵、日记小练笔等强化训练

性的内容，而现在的家庭作业形式逐渐变为观察日记、调查研究和录制讲解视频等实践性的内容，作业内容也逐渐涉及科学、物理、生物、航空航天等多学科领域，通过这样的动手实践活动，促进学生主动探索，增长见识，培养能力。但是这种实践性作业同时也给家长带来了压力，面对孩子探索过程中涉及的专业化内容，由于家长知识储备不足，也很难给予解答，家长给予孩子的帮助也收效甚微。

二、作业规范性强，家长辅导方法不当

课堂学习因采用统一教学的方式，在作业布置时相对规范性也较强。多数家长并非相关师范专业毕业，缺乏专业的教学训练，无法形成完整的教学思路，不能给孩子提供清晰的辅导方案，容易导致家长与孩子的沟通无效，家长参与作业辅导只知其然，而不知其所以然，无法给予科学的解读，参与效果不佳。因此，当家长参与学生作业辅导，出现与学生原有学习方式不一致的情况时，学生便可能产生抵触情绪，甚至不信任家长，给家长辅导带来阻碍。

三、家长参与过程中的情绪化

家庭作业通常被认为是学习、生活中的压力来源，无论是对于学生还是家长来说，都会产生或大或小的压力。学生认为家庭作业占据了自己课余娱乐的时间，在完成家庭作业时，容易产生一些不良情绪。家长在参与学生的作业时也时常带有情绪，他们总是想尽最大的努力帮助孩子在社会上立足，试图塑造孩子的价值观、行为观，过度干预孩子的学习，对孩子寄予过高的期望。因此，家长对学生作业的质量，要求也就越来越高。家长忙碌完工作后，还要面对繁杂的辅导任务，当学生完成作业的态度不端正或效果达不到期望值时，就很容易积压负面情绪，使得辅导效果适得其反。

四、教师与家长沟通不畅

知识不断革新、多元化教育的时代已经到来，家庭教育和学校教育之间的围墙正在被打破，家庭作业的难点不仅仅是教师对家长单方面的“施压”，更是在教育变革这个大背景下的压力分担。在学校的引导下，大多数家长能够认识到参与孩子作业辅导的重要性，从而与教师建立起长期有效的双边互动联系。但在传统教育观念的影响下，仍有家长认为教育学生是学校的职责，学生只需在学校完成对应的练习作业即可。因家校教育观念达不成共识，教师与家长的沟通容易出现问题，家长不能及时配合教师对学生的作业进行反馈，从而影响学生完成作业的效果。

因此，在“双减”政策背景下，以作业为杠杆，撬动教师教学方式和学生学习方式的变革，也必将促进家庭作业的形式与家长辅导家庭作业方式的变革。教师应改变作业设计目的，创新作业形式、内容，突破传统作业的固化模式，聚焦作业设计的多元化，建立完善行之有效的、具有推广价值的系统化作业体系，充分发挥语文的育人功能，为语文教学真正实现减负增质。

作业设计是一个充满教育教学智慧的课题，在教学实践中，教师应根据具体情况优化作业设计，因人而异，因事而异，因时而异，使语文作业真正成为学生增长知识、提高能力、丰富生活的向导，促进学生的个性发展，真正减轻学生的课业负担，激发学生学习的积极性和主动性，为新课程标准下的语文学习增添活力，从而全面提高学生的语文能力和综合素养。

第三节　从教师视域看作业

作业是教师课堂教学的有效延伸，是对学生课堂学习成果的巩固和深化，也是学生课外学习的一种重要方式。对教师来讲，布置作业是对学生学习成果的检查和监控，有助于了解学生对知识的掌握情况，及时解决学生学习中出现的困难和问题，对教师以后的备课也具有一定的提示和指导作用。目前作业本身还存在不少问题，我们从分析现有的一些制约作业发展的因素出发，进一步探寻优化作业发展的路径，有力推动教育教学的提质增效。

一、考试评价相关制度，制约着教师作业设计的方向和思路

升学率的高低从客观上印证着一所学校的教学质量和学生学业水平的高低，这样的评价机制，进一步加剧了学校之间的竞争。在这样的竞争环境下，家长开始向学校施加压力，学校向教师转嫁压力，教师不得不一次又一次地给学生增加学业压力，导致学生的作业逐渐增多，而且随着年级的升高，课业负担也会越来越重。学生做题多多益善的认识在一些学校、教师和家长中普遍存在，分数也成了体现学生学习水平的主要标准。致使部分教师在教学中违背初衷，暂时摒弃短时间内看不到学生发展的个性化作业设计，进而不得已追求多多益善，采用题海战术，让学生在反复练习中形成做题思维，强化学生对知识点的硬性记忆，从而造成部分学生完成作业严重超时的现象，影响了学生的身心发展。

由此可以发现，现有的某些评价制度可能已经不符合让学生减负降压、快乐学习的理念，制度从规范变成了制约，只有及时进行制度改革，进一步建立并完善贴合时代、贴合学生实际的评价机制，才能更有效地减轻学生的学习负担。

二、部分学校的作业管理制度，限制了教师创新作业的广度和深度

有的学校为了便于管理，把作业批阅的种类、数量，甚至批阅的符号、位置等进行统一规范，教师批改的作业千篇一律，批阅的重合度很高。教师按照既定的框架开展工作，长此以往，批阅作业也逐渐演变为了“接受检查”，教师教学思路逐渐固化，创新能力受到制约。毫无创新的检查任务，使教师的作业设计、批阅失去了积极作用，极大地浪费师生宝贵的时间，消耗了师生工作、学习的精力，致使其产生应付了事的心态。在过多的干预和过度的“量化”制约下，不管是资历较深、经验丰富的老教师，还是充满激情的年轻教师，更注重布置的作业是否按规定进行，批阅的格式是否符合要求，导致教师在教学工作中缺乏创新，对作业的创新设计也不敢过多尝试，极大地限制了教师的创新精神。

学校是教师专业成长的摇篮，是促进教师专业发展的互助平台，应承担起对教师专业培训的责任。但有的学校碍于人力、物力、财力等多方面的限制，不能及时有效地对教师进行作业设计这方面的培训。而在有些学校开展的这方面培训中，大多采取专家名师讲座的传统形式，培训内容往往以教学理论知识为主，缺少必要的实践培训，容易忽视教师在实际的作业设计中存在的问题与困惑。这导致教师难以消化培训中所学到的知识，培训的效果不理想。有些学校虽然对作业设计制定了明确的要求，但是大部分教师仍处于初步探索阶段，没有接受过系统指导，学校也没有搭建教师学习的平台，组织的教研活动也很

少将作业设计作为讨论重点，从而制约了教师作业设计的深度思考与能力提升。

在这种情况下，就需要学校加强对作业设计、管理、评价等方面的专题研究，开展本地教师作业设计和实施能力专项调研，明确对学生进行作业设计的基本原则和作业设计的类型与目的，促进教师提升作业设计的能力。那么，学校就可以将如何优化作业设计融入教师的培训范围，组织行之有效的培训，使教师系统地学习科学的作业设计方案，提升教师的作业设计能力。学校定期开展教师优秀作业设计方案评选与展示交流活动，形成优质作业资源共享机制。

三、针对作业的优化设计，部分教师投入的时间和精力不足

作业是教学的重要环节，是教师检测教学效果的重要手段，是学生巩固和运用所学知识、训练思维能力的重要途径，也是提高教学质量的重要保证。在教学过程中，部分教师往往把重心只放在课堂上，关注的是课堂组织形式、学生参与程度等方面，容易忽略预设的作业是否符合学生的实际情况，是否进行了大量的重复训练，是否有利于学生的能力提升。有些教师把重点放到课堂上如何调动学生积极性，如何引导学生进行探究，如何让学生更好地理解等方面，学生虽然在课堂上获得了知识，但是大量的重复性作业或质量偏低的作业，挤占了学生很多的自主学习时间，致使部分学生对作业产生抵触情绪，造成了学习效率低、学习成绩提高缓慢的不良后果。

从以上分析可以看出，传统作业设计存在机械重复、随意性大、缺乏针对性等诸多弊端，不仅会加重学生的课业负担，还会降低学生学习的兴趣。因此，学校应依据课程标准和教学计划，切实加强作业的设计与实施，通过科学合理的作业设计，帮助学生掌握基础知识，总结学习方法，提升学科能力，充分发挥作业的育人功能，减轻学生过重的作业负担。

四、面对学生的个体差异，分层作业无法全面实现

在日常的教学过程中教师不难发现，有些学生在完成作业时，缺乏独立的思考意识和探索精神，面对作业，往往是一味地把别人的思路单纯照搬。教师面对这种情况，多以批评教育、理性劝导与激励相结合的方式督促指导，往往收效甚微，有的学生屡教不改，循环往复，甚至产生逆反和抵触心理。为什么教师费了那么大力气，却不能实现促进学生独立思考完成作业的愿望？试想：各班学生的学业水平参差不齐，统一布置的作业对于大部分学生而言难易适中，可以轻松完成，而对于基础较弱的学生来说，难度较大甚至不能靠一己之力去完成，面对统一的评价标准，又将如何做呢？这时候，无须思考的机械照搬就成为获得与其他同学一样评价的捷径。而“照搬”又进一步扼制了学生主动思考、独立探究的能力，导致学生产生惰性思维，对知识学习不深入，理解不透彻，长此以往，学生对学习的兴趣也就越来越低，学习成绩也渐渐地走下坡路。因此，不考虑学生实际水平的作业设计给学生带来的伤害往往是无形的，这种伤害直抵其内心深处，直接关系到学生学习信心的树立、学习兴趣的发展、学习方式的优化、学习习惯的塑造。

其实，每一位教师在布置作业时，都由衷地希望能从自己对书本的理解以及课程的实质内涵出发，针对学生年龄大小、智力水平、兴趣爱好等关键要素的个体差异，设计出趣味性、创新性、探索性较强的作业。然而，在实施的过程中，考虑到每个学生都是独立的个体，精神状态、学习进度每时每刻都在变化，教师很难根据学生每天的状态、水平的高低，及时、合理、有效地设计出个性化作业。所以，就目前来看，相对的作业分层设计通过努力可以实现，若要全面实现分层作业以适合每个学生的发展需要，还需要很长一段时间的努力和探索，还有很长一段路要走。

综上分析，我们不难发现，好的作业设计对于实现减负提质、培育学生学科素养的教育教学目标，具有举足轻重的作用。不过，创新作业多元设计是一场教育的系统变革，是由以往的巩固练习、应试训练到现在提倡以核心素养提升为目标的转变，包括从功能定位、总量控制与质量提升，从内容设计、形式创新到过程管理等方面的系统变革。所以，随着“双减”政策进一步落实，除了学校要不断更新育人理念、教师要不断更新教育教学观念外，更需要上级行政部门、社会各界及广大家长的共同助力，才能达成目标。

第二章

小学语文作业研究的理论与实践探索

第一节　作业的内涵、功能与价值

长期以来，作业一直是教育领域的核心话题之一。什么是作业？国内外对作业的具体功能、内涵与内容的表述有一定的差异。

一、国外对作业内涵的界定

作业在国外最早出现在德国的学校。19 世纪，德国教育家赫尔巴特的教育思想逐渐影响了欧洲学校，赫尔巴特在《普通教育学》中提倡学生在课后运用和实践所学知识，这项工作被推广到家里进行，以留下更多时间在学校课堂搞好教学，家庭作业因而成了课堂学习的继续。

作业原指工人在下班之后、工厂外要完成的工作任务。应用到教育领域，则指学生在课外的学习，或指学生不在教师直接监督下进行的学习。苏联教育家凯洛夫认为，作业是“教学工作的有机组成部分，从根本上具有以独立作业的方法来巩固学生的知识，并使学生的技能和技巧完善化的使命”。夸美纽斯、杜威、克伯屈等国外教育家、思想家，绝大多数都倾向于强调作业的实践性和综合性。

二、国内对作业内涵的分析

在我国，最早有关“作业”一词的文字记载，是在先秦文献《管子》中，把完成作业作为体力劳动。《论语》学而篇里有记载“不好犯上，而好作乱者，未之有也”，这里面的“作”就可以解释为制造，其他领域也常用来表示创作的意思；在后来的《说文解字》里面就将“作”字译为“起也，从人，从乍”。通过这些解释能够看出，“作”字的应用都和人有关，用来表现人的行为活动。而“业”字的使用可以追溯到西周时期，那时被用作表示放置乐器的横板；《说文解字》里面解释为悬挂钟鼓的大板。在经过历史的演变之后，产生了课业的说法，“时教必有正业”里面的“业”指的就是课业。“作”和“业”合成一个词，可以将其看作是人的创作性活动。

《学记》有云：“时教必有正业，退息必有居学。不学操缦，不能安弦；不学博依，不能安《诗》。”文中认为，课后如果不练习，课内乐教的任务就无法完成；课后，必须掌握声律，广泛接触多方面文体，才能在课内完成《诗》教任务。可见作业是课堂教学的准备和补充。

到了近代，在《辞海》中，“作业”被解释成了两方面的意思，首先指的是为了达成一定的目标而进行的活动，其次指的是人们日常从事的工作。由此可见，“作业”一词从古至今主要指的是，人为了实现某一目标而进行的创造性活动。

《中国教育大百科全书》（1985 年版）中说明，课外作业是课堂作业的延续，是教学活动的有机组成部分。采用作业的形式能够帮助学生有效温习知识点，加强对相关知识的理解和应用，进而达到熟能生巧的程度。从国内许多学者对作业的定义来看，普遍认为学校里布置的作业是为了让学生巩固学习到的知识，实现阶段性的学习目标。比如，朱仲敏就曾表示，教师布置的作业是需要学生放学之后完成的任务。通过作业的方式既能帮助学生理解知识点，掌握重难点，强化学生对知识点的应用和理解，同时又能帮助学生取得优异的成绩。再比如，王月芬认为，课外作业往往作为课堂学习的延续，主要是为了加强学生对课堂知识点的理解与应用，是课堂教学活动的延续。

关于作业，通过查阅大量的文献以及国内外专家学者对这方面所做研究的了解，我们经过讨论一致认为，作业是学生接受教育、启迪智慧的重要过程，是对学校教学的巩固和拓展。在教育教学过程中，作业是连接教和学的纽带，是教与学的关键内容之一。最初的作业是为了让学生能够掌握相应的技能、知识点，让学生在学习的过程中达到一定高度。当然，如今在新时代，也应该赋予作业新的内涵。作业并不只是具备巩固复习知识、查漏补缺、培优补差、获得考试高分等功能，它更是促进培养学生自主学习、自主探究、自主管理的有力举措。

三、作业的功能与价值

自 20 世纪 80 年代以来，我国出版的教育类工具书对作业的界定大多采用苏联著名教育家凯洛夫的观点。长期以来，人们习惯将作业作为巩固和检测课堂知识与技能的手段。实际上，作业过程就是学生自主学习的过程，学习过程中的自主学习力、自控力、专注力等能力与素养也在逐步提高。因此，作业的功能和价值重在培养学生综合核心素养，而不能窄化为对知识技能的巩固。

我国教育部很重视作业管理工作，2021 年 4 月发文《教育部办公厅关于加强义务教育学校作业管理的通知》，着重强调了要开发作业的育人功能，并朝着这个方向研究，直至掌握并恰当运用。之后，中共中央办公厅、国务院办公厅又印发的《关于进一步减轻义务教育阶段学生作业负担和校外培训负担的意见》（简称“双减”），也对作业功能提出了相关要求。

综上所述，了解作业的功能与育人价值，可以帮助教师转变学生的作业观念，指导教师优化作业设计，促进“双减”工作稳步落实，其意义重大。

（一）作业可以检验学生的学习效果

在课堂教学中，其重点任务之一就是教授知识内容，帮助学生构建知识体系，教师在课堂上所教授的内容，学生是否听懂了，掌握得怎么样，当堂就可以检测，采用提问、小测试等方法都很合适，除此之外，课后还可以通过作业精准地了解学生的学习效果。也就是说，教师给学生布置的学习任务是让学生在非教学时间完成，学生可以在课余时间检测自己在课堂上的学习效果，有针对性地查漏补缺，从而重构知识体系。在这个过程中，学生经历了自身认知的过程，也是自我价值的体现，从而培养学习的兴趣和自信。同时，教师也可以发现教学过程中存在的问题或“盲区”，有利于及时地改进教学方式方法，实现因材施教，教学相长。那么，课后作业就是课堂学习的继续，是离开教师之后一种最有效的检测方式。其实，课外作业像极了牛的反刍现象，不但起到了检测作用，还可以让学生“消化”所学知识。这也是作业最常见和最基础的功能。

（二）作业可以巩固学生所学知识与技能

在教育部 2021 年印发的《关于加强义务教育学校考试管理的通知》中，明确提出了要“注重考查基础知识、基本技能和教学目标达成情况”。

基础知识需要不断练习，目的就是为了巩固强化课堂所学知识。教师围绕课堂上所学的知识和方法，布置作业让学生练习，以达到巩固所学内容之目的。这时，作业就是学习的重要工具，学生通过完成作业实现了对知识的巩固、消化、理解与迁移。学生通过作业使学习走向生活，这是课堂教学的拓展与延伸。在写作业的过程中，一个个知识点被学生不断地熟悉、掌握，甚至顿悟，从而促使学生对所学知识有更深刻的理解。

技能需要学生在课后不断地练习来完善，单靠在课堂上的时间根本无法真正完成。一个班级内学生学习接受程度、掌握技能的情况等存在差异性，更需要学生利用课余时间加强对自己基本技能的训练。知识练习巩固到了某种程度，才会逐渐转变为技能，实现从“量”到“质”的变化。学科基本技能的获取是以学科知识为前提的，它可以促进学科知识的深度理解和熟练掌握。也就是说，知识和技能相互影响，相辅相成，不可分割。教师只有依据班级学生的各项差异，结合作业完成的时间、空间等因素，设计好分层的作业，让课后作业和课堂学习同频共振，互为补充，才能尽快帮助学生习得全面性的基本技能，从而促进学生的全面发展。

（三）作业可以促进学生拓展应用

学生学过知识后可以自行拓展应用，即大家常说的举一反三。如果说课堂上讲的内容是“举一”，那么作业里的拓展就是“反三”，这种拓展既有加深理解的作用，也有延伸应用的作用，还有促进学生发现新知识、新方法的作用，甚至还可以将所学知识运用到实际生活中去，学以致用，真正为自己的生活服务。要想让学生做到不为“写作业”而“写”作业，真正培养学生做某类题的方法与可持续发展的能力，教师就要站在学科特点的角度，认真思考，依据《义务教育语文课程标准》(2022年版)，结合学生的实际情况，灵活地设计作业内容和形式，并在及时反馈后提升。毕竟，“解决生活中实际问题和持续创新实践的能力”是新时代优秀人才的必备。

教师可以尝试对学科内部知识的整合、跨学科知识的融合、知识与学生个体生活体验的融合等，通过筛选相关内容，巧妙设计作业，综合培养学生举一反三、学以致用的能力。此时，作业不只是反映作业的检测、巩固、应用与反馈的功能，更是体现出作业的融合功能，尤其是体现出重视学生核心素养培育的功能。

(四) 作业可以促进学生思维品质的发展

在人们的思维活动过程中，思维品质表现出不同的特点与差异，这是一种个性特征。培养思维的核心就是培养学生的思维品质，而作业可以有效促进和发展学生的思维品质。作业中的问题被解决的过程，就是学生思维发展的过程。作业帮助学生检测学习效果、巩固所学的知识和技能、学会拓展与应用，这其中也包含了对思维材料、思维方法、思维结构的提升等。教师要培养学生的思维品质，可以从思维的深刻性、灵活性、敏捷性、批判性、创造性等方面着手，优化作业设计。比如，教师可以设计单元作业，帮学生建构学科知识体系，关注学生完成作业的思路过程，体现思维的深刻性；设计融合学科类综合性作业，鼓励学生多角度去思考，体现思维的灵活性；设计开放型的创意作业，让作业成为具有创造性的学习过程，体现思维的创造性。

(五) 作业可以教给学生生存技能，发挥育人功能

在“双减”背景下，教师结合新课程理念设计的作业，大都集开放性、探

究性和综合性于一体，学生要想解答问题，必然要思考、探究、体验、讨论、梳理等，即便这样，答案也具有开放性及不确定性。学生在完成作业的过程中会不断地努力，发现问题，判断对错，及时反思，并适时调整。时间长了，学生相应的能力会慢慢增强。由于现在的新课标中“学习任务群”的引领，学生作业也势必更趋于系统化，会更加完善，小学阶段的学习策略决定着学生完成“学习任务群”作业，要持续跟进、不断提高，以增强学生适应未来生活的能力。因为作业的答案不是以前所谓的“标准答案”，所以学生会慢慢摒弃那种简单寻找答案、接受答案之弊端。教师设计的作业，要能够促使学生在探究过程中，把单纯的知识结构转化为学生内在的力量、智慧与能力，为学生的长远发展种下希望的种子。

总之，在“双减”背景下，教师要增强自己的职业幸福感，发挥作业的积极作用，让作业成为家校沟通的桥梁，让作业促使学生和家长共同参与到学习生活中，锻炼学生自主管理时间的能力，培养学生学习的责任与毅力，为学生终生幸福奠基。

第二节　从作业出发，探索减负提质的有效路径

长期以来，中小学生作业一直被每个家庭及社会各界关注，特别是对“作业负担太重”这个老生常谈的问题尤为重视。我国“减负”政策可以追溯到1955年，第一份“减负”文件《关于减轻中小学过重负担的指示》的发布。从1955年至今，教育部发布了50多次“减负令”。2018年，教育部、国家发改委、公安部、民政部等九部门联合印发了《关于印发中小学生减负措施的通知》，被称为中国教育史上最严厉的“减负30条”。2021年，中共中央办公厅、国务院办公厅《关于进一步减轻义务教育阶段学生作业负担和校外培训负担的意见》出台。我国对中小学“减负”超过70年，如今还在“减负”的路上，陷入了不断“减负”，不断出台“减负”政策的马拉松长跑大循环。

一、立足实践，树立先进的作业观

作业，是教师了解学生学习情况的重要手段，是巩固所学知识、强化技能和发展学生思维的一个重要环节，是把教师的教和学生的学紧密联系起来的一条纽带。在“双减”政策下，教师应不断挖掘作业的新内涵，比如作业中要有“契约精神”，既要尊重个体差异，又要体现“全面发展，作业是师生沟通的纽带与平台……正确先进的作业观有利于教师突破原有思维局限，重新审视和以发展的眼光看待作业”。

如何从“作业”研究出发，有效减轻学生的学业负担呢？我们先从作业的内容和类型来分析。国外教育大都倾向于作业的实践性和综合性。如，在英国，作业的形式有以下类型：实践作业、书面作业、口头与听力作业、表演作

业。国外大多强调不同类型作业的协调配合，以应对不同学生的差异化学习需求，既要考虑贴近学生生活来布置新颖、生动、多样的作业，又要注意留有创造性的作业。如美国的生活性作业，日本的“自己准备物品去远足”“听老人讲过去的故事”等实践性作业。我国教育界学者也探索了一些课外作业的形式，如传统的书面练习、阅读、背诵、社会调查、观察、实验研究、看电影、听音乐、帮助家长做家务等作业。有一些学者还将作业分为四类：能够增强学生自身学习能力、创造水平的“合作作业”，有利于学生身心健康成长的“仰卧作业”，深化教师与学生之间沟通的“日记作业”，拉近父母和孩子之间关系的“亲情作业”。

以上研究和探索为一线教师拓宽作业设计形式提供了参考，开阔了教师看作业的视野，破解了传统文本式作业的思维框架，为促进教师创造全新形式的作业打开了思路。除此之外，教师的作业观、对作业研究的广度和深度，也在一定程度上影响着减负提质的效果。

二、平等尊重，创设和谐的沟通氛围

在布置作业和完成作业的过程中，师生主体人格均应受到尊重。有的教师在布置作业时不假思索，随意而为，缺少前期的指导工作，对于作业的完成情况也仅仅是检查而已，作业批改时缺乏师生平等对话，学生只能被动接受。另外，不少学生面对作业也存在态度上不够重视、心不在焉，不做作业、反感作业、敌视作业的现象，这样的学生越多，也越容易给教师的心理带来负面影响，尤其是对于年轻教师，除了身心俱疲，可能还会致使其对自身能力和教师职业产生怀疑。所以，在新时代下应当不断探索作业的新形式，让教师和学生都能接受，让彼此双方获得应有的尊重。

三、合理规划，发挥教师的主导作用

小学现阶段，作业产生的负担不仅仅是任务量大的问题，同时还给学生造成了心理负担，甚至不少学生因为作业多、作业难，出现了抄写别人的作业、逃避作业甚至厌学等情况。

教育学术界有分析认为，学生学习不良习惯、教师教学任务繁重、家长监督不到位等，是学生作业负担重的主要原因。仔细分析不难发现，作业负担的产生和教师布置作业的目标、多少、强度等诸多方面都有着密不可分的关系。所以，要减轻学生的作业负担，仅仅从限制作业量或者依靠家长监管来改变有些学生不做作业的现象，也都只是治标不治本的做法。作为教师，对于作业这一项教学活动的重要内容，首先就要做好作业内容的相关规划，从方法、理念、作业设计等方面去寻找出路。

发挥教师的主导作用，按照《义务教育语文课程标准》（2022 年版）在课堂的教学方式、教学内容等方面的要求，创新作业设计，激发学生对作业的兴趣和积极性，让学生主动进行作业练习。与此同时，对于学生作业的审阅、批改工作，教师应当亲力亲为，不能将其完全交与家长，避免出现教学和作业脱节的情况。教师应积极为学生提供适度作业，为个性化学习搭建平台。

四、减量提质，有效减轻作业负担

作业减负需要全面考虑，不能仅从作业数量上减少，还要关注作业质量问题，只有这样才能真正实现中小学生作业负担降低的目标，促进中小学生的身心健康成长。

（一）减少无效作业

布置作业要有的放矢。它既要符合学校课堂的教学目标、阶段目标等，又要与学生当前的学习水平、认知水平一致，那些通过作业让学生达到机械记忆的做法是不可取的。为减少无效作业，教师在布置作业时可以从两方面着手，一是教师应当学习新课标要求，整体把握年度教学任务、教学目标等内容，结合自身的教学安排、教学特点和教学方式，制定出符合知识学习、技能学习的作业任务；二是教师应当从学生的角度出发，结合学生不同的认知水平、学习能力设计作业，力争做到因材施教。

（二）丰富作业类型

不同区域的学校有着不同的教学条件，学生的生活条件也有所不同，所以教师在作业安排上应当充分结合现有教学条件，进行作业布置，通过参观、阅读、实验等不同形式，来提高学生的知识掌握能力，提升学生的学习水平。作业形式的丰富多样，能够改善学生面对作业时的态度，增强学生学习的积极性和主动性。

（三）加强个性化辅导

随着信息技术的不断发展，不少学校都配备了信息化设备和系统。这不但能够助力提升教学质量，同时还能辅助完成个性化作业与辅导，进而实现作业减负。这就要求教师充分了解信息化设备工具，在经过系统化学习后制定出相应的辅导方案。学校在阶段性检测或目标性检测完成之后，就可以结合信息化工具的分析情况，设计出针对性较强的作业，提升学生对相应知识点的掌握能力。教师也可以针对普遍性问题，形成系统的教学资源，为学生提供个性化的辅导工作，并通过线上方式及时为学生答疑解惑。

五、遵循规律，注重作业梯次设计

（一）要注重巩固基础

对于小学生而言，学习掌握基础知识很关键，这是厚积薄发的阶段。对此可以从以下几点着手：一是要做好基础知识练习，作业布置的内容偏向于基础知识练习，学生在反复练习中会加深对知识点的理解和掌握；二是要做好基础技能学习，通过不同形式的作业引导学生养成独立思考的习惯；三是要做好新知识的学习与领悟，学生对于一个知识点从开始学习到彻底理解需要一个过程，教师要全程关注学生对于新知识的认真学习与深刻体悟的过程。

（二）要注重结合新知

学习新知识时，学生能够全身心投入，其视觉、听觉、触觉等多感官同时参与，易于增强学生对新知识的感悟，提升课堂学习效率。因此，教师在教学的过程中，应注重结合新知识，引导学生完成一定比例的作业，从而降低学生的作业负担。

（三）要注重知识拓展

一是注重启发性。在教学过程中，教师应当培养学生探索新知识自主学习的习惯，在已学知识的基础上不断完善知识架构，形成更加清晰的逻辑思维能力。二是注重综合性。探索将课外作业逐步转变成课堂作业与课外作业相结合，将书面作业转变成书面作业和口头作业相结合的新形式，这种综合性的作业形式，能够有效降低学生的作业压力。三是注重趣味性。小学阶段的学生注意力集中时间相对较短，一般为 20 分钟，如果作业是枯燥无味的重复性任务，学生很容易滋生逆反心理，造成对作业的抵触情绪。所以，教师在设计创新作业时，应适当设计具有趣味性的作业，让学生在完成作业的过程中体会到乐趣，这样能够有效激发学生学习的主动性。

六、深度研究，突破作业设计模式

（一）开展大单元背景下的作业设计研究

大单元背景下的作业设计要以落实“立德树人”为宗旨，体现学科核心素养要求。教师可以在大单元背景下设计课内外的学习活动，把课外作业和课堂教学进行有机结合。如，为了解学情和初步感悟新知，可设计前置性作业；为了巩固知识技能、检测学习目标达成情况，可布置检测性作业；为了使作业贴近生活，让学生感受身边的学科知识，用学到的知识进一步了解世界，用学科的眼光观察世界，可设计实践性作业；为紧密联系学生的日常生活实践，针对一些涉及学科知识的实际问题而设置调查性作业；为满足不同学生的个性需要，可设计层次不同的分层性作业，给学生提供丰富的作业菜单。

（二）开展跨学科项目式的作业设计研究

在杜威“从做中学”理论的基础上，逐渐产生项目式学习的理念。项目式学习适用于实践过程中对于复杂问题的探索，能够有效推动项目规划与实施。这就要求学生在一定时间内通过研究和解决真实、有吸引力或复杂的问题，形成对重要知识的理解。也就是说，项目式学习是以学生的“学”为中心，以真实情况和基于问题的项目为载体，以知识建构、问题解决、成果呈现为目的。在项目式学习中，结合核心概念，创设真实情境，设计跨学科作业，进行多维度探究性学习，能够促进儿童的多元智能发展，提高解决问题的能力，优化小组合作意识，培养创造性思维。《义务教育语文课程标准》（2022 年版）在拓展型学习任务群的“跨学科学习”项目中也同时指出，“引导学生在语文实践活动中，联结课堂内外、学校内外，拓展语文学习和运用领域”，“在综合运用多学科知识发现问题、分析问题、解决问题的过程中，提高语言文字能力”。所以，开展跨学科作业研究应该是当前深化课程改革中的实践导向。各学科教师应共同致力于一个项目式研究，将知识与生活紧密结合，引导学生把所学知识运用到生活中，使学生身临其境地感受知识、理解知识，从而提升学生综合实践能力，培养团队合作精神。

（三）开展校本作业设计研究

在实际的教学活动中，不少教师习惯用现成的教辅资料代替作业内容和形式的选择。教辅资料在一定程度上可以为教师提供丰富的作业内容和形式参考，不过简单的“拿来主义”使得所布置作业内容的层次性和针对性会大打折扣。所以，教师应有意识地结合自己的教学目标、教学内容等因素对多种教辅资料内容进行重组、提升，并广泛地吸取学校内外各种资源，进一步开发多样化的校本作业。

总之，减负提质是一项复杂的工程，需要学校、教师、家长、社会等各方面的努力和相关力量的平衡。从“作业”出发探索“减负提质”，这是学校教学的一个重要着力点，需要教师不断地摸索、实践、提炼和总结，整理出适合学生终身发展的多样化作业形式，科学实施，有效优化教育教学质量。

第三节 “双减”背景下小学语文中高段优化作业设计的实践研究

一、问题的提出

2021年7月，中共中央办公厅、国务院办公厅印发了《关于进一步减轻义务教育阶段学生作业负担和校外培训负担的意见》（简称“双减”）。随着“双减”政策逐步落实，如何切实减轻学生过重的作业负担成了学校和教师的研究重心。

在实际教学过程中，小学中高年级教师虽具有优化作业的意识，但缺乏具体可行的实际操作方案，布置作业有时较随意，缺乏科学性、系统性、创新性，缺乏学科间的融合。小学中高段语文作业，仍存在作业量过大、内容机械重复、评价方式单一等问题。过重的作业负担浪费了大量的课余时间，忽视了学生的个性发展，削减了中高年级学生已经培养好的学习兴趣，甚至使其产生了厌学心理。因此，“减负提质”势在必行，而优化作业设计是实现“减负提质”的重要内容和途径。基于以上研究背景，对于小学语文中高段优化作业设计的实践研究就应运而生了。

二、研究价值

（一）理论意义

《义务教育语文课程标准》（2022年版）提出了“教师要以促进学生核心

素养发展为出发点和落脚点，精心设计作业，做到用词准确、表述规范、要求明确、难度适宜”“教师要严格控制作业数量，用少量、优质的作业帮助学生获得典型而深刻的学习体验”。

统编小学语文教材总主编温儒敏教授表示，“双减”从长远来看，能减轻孩子们的负担，是一件“大好事”，孩子们可以有更多的课余时间来读书。华东师范大学课程与教学研究所所长崔允漷教授也指出，解决作业问题不仅能够减轻学生的负担，而且能够提升育人质量。因此，优化中小学作业设计势在必行。

（二）实践意义

首先，优化作业设计是“双减”政策的实践需要。“双减”政策的指导思想旨在落实立德树人的根本任务，强化学校的教育主阵地作用。

其次，优化作业设计是落实新课标的内在要求。新课程标准强调减轻学生学习负担，避免死记硬背、机械训练。因此，我们认为只有对作业内容、形式和评价方式进行改革，才能真正促进学生核心素养的发展。

再次，优化作业设计是深化课堂教学改革的重要途径，也是学校提升教学质量的内在要求。少而精地布置作业，有助于学生对所学知识的巩固与深化，有利于学生思维能力、知识技能和创新才能的发展，是全面提高学生素养的重要载体。

最后，优化作业设计能解决教学中存在的实际问题。智慧性、趣味性强的作业能激发学生学习兴趣，多角度锻炼和提升学生识字与写字、阅读与鉴赏、表达与交流、梳理与探究的能力。

三、核心概念界定

“双减”：2021 年 7 月，中共中央办公厅、国务院办公厅印发《关于进一步减轻义务教育阶段学生作业负担和校外培训负担的意见》。“双减”政策主要针对的是义务教育阶段的学生，一是减轻学生作业负担，二是减轻学生校外培训负担。针对减少校内作业、减轻学生负担，此次意见提出了健全作业管理机制、分类明确作业总量、提高作业设计质量、加强作业反馈指导等具体要求。因此，充分发挥学校教育主阵地的作用，着力提升教学质量、作业管理水平和课后服务水平，让学生学习更好地回归校园，便成了学校和教师思考研究的重点。同时，“双减”政策在强化课后服务、减轻考试负担、完善教学评价、营造良好教学环境等方面也作出了明确部署，各个学校及时行动，积极推进“双减”工作。“双减”政策的提出和落实，能够有效减轻学生作业负担，激发学生的学习兴趣，使学生综合素养得以全方面发展。

优化作业设计：“优化”是指采取一定措施使之变得优异。“作业”是学校教育教学管理工作的重要环节，是课堂教学活动的必要补充。“作业设计”是教师帮助学生巩固课堂教学成效、获得课堂反馈的重要手段。认真研究作业规律，结合学情，优化作业设计，改变传统的“题海战”，解决普遍存在的学生作业高耗低效现象。通过严格控制学科作业数量、切实提升作业质量的方法，来实现既减轻学生过重作业负担，又实现高效学习，提升学生综合技能的目的，让作业成为打造快乐课堂的催化剂。

四、国内外相关研究文献综述

（一）关于目前国内外作业设计情况

在各国的教育改革中，作业都是关键词之一。作业是课程的重要一环，也是实现课程目标的主要途径之一，是连接课程教学与课程反馈的中间纽带，也是教师和学生几乎每天要接触的内容。同时，作业也成为社会、家长了解学校教育的主要渠道，通过作业的数量、质量来反观学校的教育价值导向和教育水平。因此，作业是社会、家庭了解学校教育水平的一张“名片”。

从国外看，部分教育理念先进的西方国家作业形式的改革，可以让我们从中获得启发。比如，英国中小学生课程作业有四种基本类型：①实践作业，指通过教师指导实验、学生独立观察并完成作品来锻炼动手能力的测试；②书面作业，指客观性测试，其形式有简答题、抢答题，写随笔、论文、观察报告、评论、调查报告、科研项目等；③口头及听力作业；④表演作业。从这四类作业我们可以看出，教师不应仅从完成教学或定量检查的角度设计作业，每个学生都是独立的个体，设计的作业应尊重个人差异，要从学生个体发展差异化的角度来设计作业，体现学生的个性，从而达到培养学生综合能力的目的。

从国内看，致力于研究作业设计的教师也很多。自“双减”政策实施以来，许多学校对作业设计进行了尝试和改进，如发散性作业、主体性作业、创造性作业等新颖的作业形式层出不穷。有相关专家曾这样强调：“以作业改革为突破口，尊重学生的个性差异，注重学生个性化发展，让作业不再成为学生的包袱，真正达到减负增效的目的，在培养学生的创新意识方面，不少学校都进行了有益尝试。”所以，对于作业设计的关注点也应随着教育改革而发生变化，努力做到关注学生差异，注重作业分层化；鼓励学生创新，注重作业个性化；拓展学生思维，注重作业丰富化。

（二）关于优化语文作业设计要求

《义务教育语文课程标准》（2022 年版）提出“核心素养”教育理念，围绕培养学生核心素养，优化课程内容架构，对语文教学提出了更高的要求，作业作为课堂教学的延伸也理应对此有所改变和突破。“基础字词部分”更注重学生自主梳理、积累、运用的能力培养；“阅读部分”对学生阅读主题与载体、阅读量、阅读能力的提升提出新要求，更加注重整本书阅读，构建学习任务群；“表达部分”要求在综合语言运用的基础上，锻炼学生充分表达自己的独特观点和见解，重视学生真实想法的表达。小学中高年级的学生对基础字词的掌握，已无须教师字字细酌，学生已具备独立学习或合作学习的能力。因此，教师针对小学中高年级作业设计要更多地考虑培养学生的自主阅读和表达能力。

《义务教育语文课程标准》（2022年版）中对作业设计有六项要求，即“语文作业设计要有明确的出发点和落脚点，要丰富作业类型，要注意作业设计的阶段性和连续性，要设计规范化的作业，要控制数量、提高质量，要加强对作业的反馈和评价”。语文作业依据语文学习任务群和语文学习过程设计，要树立“大作业观”，让语文作业有“大价值、大内容、大实践和大评价”，引导学生在真实的语文情境中开展语文实践，充分发展学生的语文核心素养。

在大语文观的教学理念下，单元作业整体设计与实施，是可操作且有效的实施路径。以单元为单位整体设计作业，可以避免以课时为单位设计作业的零散、孤立、割裂等问题，有助于知识结构化，解决问题综合化。设计作业时，要体现核心素养要求的单元作业目标，切忌碎片化的知识点罗列；基于单元作业目标，结合课时安排，通过选编、改编和创编等方式整体设计该单元所有作业，要站在科学的角度关注“作业类型、作业难度、作业时间、作业结构”等关键要素；还要确保作业设计突显情境性、综合性、开放性等特征。

《基础教育课程改革纲要》中对课程改革目标明确规定：“要改变目前机械反复的训练状态，发扬引导学生主动参与、乐于探究的学风，培养学生收获新知的能力，发现、分析和解决问题的能力以及小组合作学习的能力。”因此，教学改革中的作业设计也应该是发散的，应努力实现教学内外联系、学科间融合，让作业真正成为培养和发展学生能力的一块跳板，从而优化语文学习环境，培养学生学习能力，提高语文素养，使学生自由、全面发展。

五、研究目标

1. 通过课题研究，转变教师语文教学观念，提升教师语文教育素养，重置作业设计目标，优化作业设计，提高作业设计质量，增强作业趣味性，创新作业完成方式，使作业设计立足发展学生核心素养，实现“减负增效”目标。

2. 通过课题研究，在语文学习任务群的引导下，探索出系统的、可操作的、有成效的、具有推广价值的小学语文中高年级作业设计的优秀案例，为广大小学语文教师提供全新的作业设计思路和方法。

3. 通过课题研究，促进学生全面发展，使学生在作业设计的情境和实践中，实现学习方式的变革，培养能力，提升素养。

六、研究内容

（一）探索“双减”背景下优化作业设计的原则

1. 遵循语文学科的特点

《义务教育语文课程标准》（2022 年版）指出，语文是一门学习语言文字运用的综合性、实践性课程。语文的基本特点是工具性和人文性，无论在任何阶段或任何背景下，语文教学及作业设计，都要符合本学科的特点，与生活紧密联系，内容和形式要丰富多彩。

2. 符合减负增效的要求

语文作业设计要符合语文教学总体目标，作业内容和形式都需围绕总体教学目标来确定，保障作业设计与语文教学的一致性。针对“预习作业、课堂作业、课后作业”，应聚焦课前、课中、课后作业的优化设计，根据不同环节、不同需求确定相应的作业目标，进而确定作业的内容和形式，严格把握作业时间，要整体规划并推进课前、课中、课后作业设计形式，设计的作业要明显体现出减负增效的要求。

3. 尊重学生认知发展的规律

作业设计要遵循学生认知发展的规律，充分尊重学生之间的个体差异，适应儿童的心理特征，注重学生的情感体验。小学中高年级学生在思维、认识、兴趣爱好等方面存在明显差异，随着年级的升高，德智体美劳全面发展的学生逐步显现出来，有特长的学生也有很多机会展示其特长。同时，要格外关注少数发展相对缓慢学生的心理情绪与思想波动，要给予他们足够的自信心。对于小学中高年级学生的语文作业设计，应充分考虑其学习需求与心理需求，确保作业不仅有趣，而且要有效。

4. 利于提升学生的核心素养

语文素养是一种综合素养，以语文能力为核心，主要有听、说、读、写、思五方面的知识、能力，除此之外，文学审美、文化价值、思想价值等也被纳入其中。语文作业不仅能帮助学生巩固知识、熟练技能，还能促进语文核心素养的提升。小学中高年级的语文作业设计要在核心素养视域下进行创新，使学生的语文学习得到发展，即在情感、态度、价值观，以及道德修养、审美情趣等方面得到全面发展和提升。

（二）探索“双减”背景下优化作业设计的策略和方法

1. 注重作业设计的阶段性与发展性，统筹整体规划

作业设计要遵循学生的身心发展规律和核心素养形成的内在逻辑，以生活为基础，以语文实践活动为主线，以学习主题为引领，以学习任务为载体，整合学生学习内容、情境及资源等诸多要素，设计作业任务群。作业设计要注重整体规划，不同学段的学生有不同的特征。这就需要我们对应不同年级的学生设计相应的作业，以体现学生不同年级对核心素养的不同要求。而且，作业设计还要体现其连贯性和适应性。

2. 突显作业设计的时代性和典范性，加强课程内容整合

小学中高年级的作业设计，要突出时代性，充分吸收语言、文学研究的新成果，关注数字时代语言生活的新发展，体现学习资源的新变化。小学中高年级的作业设计要强调典范性，呼应教材内容中精选的文质兼美作品，还要力争让学生的思想情感在润物无声中受到浸润，重视价值取向，有机融入社会主义先进文化、革命文化、中华优秀传统文化内容。注重小学中高年级作业设计的内容与学生的生活及其他学科之间的联系，注重对听、说、读、写的整合，促

进三个维度的整体平稳发展。

3．增强作业设计的情境性和实践性，促进学习方式变革

不同的学生拥有不同的生活经历，因此，设计小学中高年级的语文作业时要从学生的生活实际出发，创设丰富多样的学习情境，设计富有挑战性的学习任务，激发学生强烈的好奇心、求知欲，丰富学生的想象力，促进学生自主、合作、探究式学习；引导学生注重积累，勤于思考，乐于实践，勇于探索，养成良好的学习习惯；来自不同家庭的学生，个体间存在着差异，教师要关注学生的差异性，了解不同学生的学习需求，鼓励学生进行自主阅读并勇于表达；反对进行题海战术，倡导少做题，不做耗时的“机械类”题目，提倡学生多读书、读好书、好读书、读整本书，注重阅读的作业引导，培养读书兴趣，提高读书品位；充分发挥现代信息技术的支持作用，拓展语文学习空间，提高语文学习能力。

4．实现作业评价的过程性和整体性，重视评价导向作用

作业评价有利于促进学生学习，改进教师教学，提高教学质量，全面落实义务教育语文课程目标。作业评价能准确反映学生的语文学习水平和学习状况，考查学生的语言文字运用能力、思维过程、审美情趣和价值立场，从而关注学生学习过程和学习进步。根据小学中高年级学生的学习特点和不同学段的学习目标，选用恰当的评价方式，抓住关键，突出重点，加强评价的整体性和综合性。注重评价的多元与互动，以及多种评价方式的综合运用，同时充分利用现代信息技术促进评价方式的变革。

（三）探索“双减”背景下小学语文中高段优化作业设计的创新路径

1．丰富作业设计形式，满足多样化需求

随着广大教师对作业优化设计的持续探索，作业形式逐渐呈现出多样化形态，除了常规的书面作业之外，还包括实践性作业、口头讲述作业、生活探究

性作业等。作业形式的丰富创新了学生完成作业的方法，通过实践，深化其对语文知识的认知，增强体验；通过口头讲述，转化知识识记方式，培养语言表达能力；通过灵活创作，发展其创新能力；通过生活探究，锻炼学生深度思考、动手操作、团结合作的能力，这就充分满足了作业设计的趣味性、实践性与开放性的要求，合理运用多样化作业形式更易于获取所期望的效果。教师应根据教学目标确定作业形式，而且能够把这些作业形式进行灵活组合，贴近小学中高年级学生的认知需求与兴趣需求，最大化削减学生对作业的抵触心理，激活其主动学习的意识，使所设计的作业彰显实效。

2. 做好作业分层设计，确保学习有效果

小学中高年级学生不再只一味听从教师的“命令”，教师、家长喋喋不休、枯燥无味的说教反而会锐减他们对于作业的兴趣，当然，反复、机械、单一、陈旧的作业训练方式也是削减学生对于作业兴趣的主要原因。为了满足小学中高年级学生的学习实际情况，教师需要做好作业分层设计，从内容、数量、质量、形式上合理地分层，充分考虑学生的智力水平、学业水平、思维能力、兴趣爱好，甚至家庭背景，遵循因材施教、因人而异、因势利导、激励赏识、激发潜能的原则，有针对性地设计分层作业，以满足各个学习层级学生的不同学习需求，让每个学生在自身基础上学有所获。

3. 加强学科间作业融合，体现作业效益

作业设计要与课堂教学相辅相成，与学习目标一致，无论是课前作业、课堂作业还是课后作业都与教学紧密联系。在“减负增效”的背景下，教师既要加强课内、课外的联结，避免出现课堂教学内容与作业设计不符，又要避免课堂作业仅仅局限于课内，出现与课外脱节的现象。教师在设计小学中高年级作业时，要更加关注与生活的联系，以及与其他学科的有机融合，利用语文课堂教学拓展相应的生活实践及跨学科的综合学习活动，充分体现作业的效益。

4. 创新作业评价形式，增强评价效果

教师要充分注重发挥作业的导学、诊断、改进和发展功能，以作业优化评价。没有良好的作业评价就不能做出精准的教学反馈，也就不能保证作业设计的质量。因此，教师需要将“双减”政策融入作业评价标准中，既要关注学生作业的完成度、准确率及书写的质量，还要体现作业评价的多样性和开放性。小学中高年级学生已经有了自我独立意识，他们开始从对自己表面行为的认识、评价转为对自己内心世界的深入评价和充分肯定，这时的他们喜欢试着从不同方面的特点来描述自我，比如个性品质、人际关系、自我价值等。这种自我评价相对独立与稳定，而且随着年级的升高，学生的自我独立意识会逐步提高。小学中高年级的作业评价除了教师的评价外，还要创新学生之间的评价方式，比如，同一班级学生之间互评，同一年级学生之间赏评，创新性作业展评，邀请家长共评等。这样，既减轻了教师作业批改的压力，又为学生与学生、班级与班级之间创设了互相学习与提升的机会，能够帮助学生看到努力的方向，增强学习的自信心，利于养成学生自主学习的习惯。

总之，我们立足发展学生核心素养，致力于优化作业设计的实践研究，以期能够进一步转变教师的思想观念，积极发挥学生的主观能动性，增强学生对学习的兴趣，有效减轻学生的课业负担，切实做到“减负增效”。

第三章
基础型作业

第一节　预习类作业的设计

小学低年级段预习类作业的设计

建构主义学习理论认为，学生不是空着脑袋走进教室听课学习的，而是本身就有知识经验。如果学生预习了教师要讲的新课，学生的知识经验将更丰富、更有针对性，根据教师的授课内容，学生会产生深度的思考，理解、消化、运用知识会更加自如，进而促进学生成长。不仅如此，有效的课前预习还能够培养学生课前阅读课本的良好习惯，增强学习的主动性，同时帮助教师把握学生的认知起点来设计教学内容，让课堂活动真正以“学”为中心。在小学低年级阶段，要想真正发挥课前预习的作用并提高课前预习的能力，就需要教师科学、合理、有效地设计预习作业，充分发挥学生学习的主观能动性，进而培养学生自主学习的能力。

一、分类预习

根据小学语文教材内容安排，大致可以分成“古诗、现代文、语文园地、口语交际”四类预习作业。预习作业可以是条目式、表格式等，在这个过程中，教师要充分运用快捷高效的现代信息技术手段，如，录制知识胶囊或者微视频，以便更细致、直观地指导学生做好预习。

（一）“古诗”预习作业

根据《义务教育语文课程标准》（2022年版）的要求，学生需要积累一定数量的古诗词，而古诗词节奏感强，语言精练，易读但难懂。学生在课前进行了充分预习，课堂上通过图文结合学习诗中所描绘景象，理解表达情感就会容易得多。一年级的古诗预习应以生字词的观察认读为主，以朗读古诗、背诵古诗为要。比如，统编教材语文一年级上册第五单元《画》一课可以这样设计预习作业：

（1）指读课文《画》三遍，要求读正确、读流利。

（2）指读生字条里的字一遍，并在古诗中找到这些字用圆圈圈起来，圈画出来的字要和生字条里的字数量一致。

（3）根据书上田字格上方的“笔顺跟随”，书空每个字的笔顺，并记住笔顺。

（4）观察田字格每个汉字的结构和每个笔画的占位。

（5）尝试背诵古诗。

进入二年级，学生学习语文的知识及能力要进一步提升。那么，对于古诗的预习作业就要有新的要求。二年级的预习新增了“思考题和拓展”内容，思考题基本以课后题为主，拓展内容以延伸同类主题的诗为主。现在以统编教材语文二年级上册第四单元《古诗二首》为例，设计如下预习作业：

（1）大声朗读古诗文三遍，要求读正确、读流利。

（2）读生字条里的字，并在古诗中找到这些字用圆圈圈起来，圈画起来的字要和生字条里的字数量一致，然后用学过的识字方法认识生字条里面的汉字。

（3）读一读田字格的字，并观察结构、四最（看该字的最高、最低、最左、最右面的笔画是什么）、关键笔画、笔画与笔画之间的关系。观察结束后，在书上描红一个字，也可以尝试在田字格里书写一个字。

（4）完成课后“读一读，记一记”，读正确，并记下来。

（5）思考课后第2题。

(6) 学有余力的学生可以尝试背诵两首古诗。
(7) 学有余力的学生可以查阅资料，找一首写景的诗，读一读。

学生在每次预习完后都要进行自我评价，可以用每完成一项获得一颗“星”的方式激励自己。

(二)“现代文”预习作业

统编教材语文低年级段的现代文一般包括叙事类、写景类的课文或儿歌，学生读几遍之后就能知晓文章大意。针对这样的课文预习，教师需要教给学生基本的预习步骤。以统编教材语文一年级上册第四单元《秋天》一课为例，可以这样设计预习作业：

(1) 一读：读课文，不少于三遍，要求正确、流利。正确就是读准字音，读出轻声、变调、儿化；流利就是不单字读，努力做到连词读，不丢字，不添字，不回读，能正确停顿。如果读三遍还达不到正确、流利，就再练习读几遍。
(2) 两画：一是标出自然段，标画出来后要检查，不遗漏，不多标。二是圈画生字和文中词，把生字条里面的生字在课文中圈出来，并找到与它相关的文中词，如果有符合语言习惯的规范的文中词圈画住，如果没有就只圈画生字，圈生字可以用圆圈也可以用方框，画文中词语直接用横线。
(3) 两读：一是读文中圈住的字与文中词。二是口头给生字条里面的字组词，每个生字组两个词语。
(4) 注音和口头组词：这里指的是给田字格的字注音和组词。注拼音写在汉字的前面，口头组词两个。

需要强调的是，一定要让学生先读课文，后标段落序号，这样不容易标错。一个完整的意思就是一个段落，学生读熟了课文，就比较熟悉课文的形式，在初步理解的基础上标段落序号，更容易标正确，不遗漏。预习步骤以条目式的文字写下来，打印之后让学生粘贴在语文课本上，以便预习时按照步骤有条理地进行。

到了二年级，预习的形式既有条目式，也有预习单。先看一个条目式的预习作业设计，以统编教材语文二年级上册《小蝌蚪找妈妈》一课为例，设计如下预习作业：

(1) 朗读课文，要求正确、流利。

(2) 读生字条里的字，有三点要求：读第一遍后在每个字的上方写上音序（音节首字母的大写），音序正对着汉字，要写整齐；读第二遍，在课文里用圆圈圈汉字，用横线画出文中词，不多圈，不遗漏；读第三遍，给生字口头组词两个，任选两个所组的词语说一句话。

(3) 查、写多音字。如果生字条里有蓝色的字，就说明它是一个多音字，用字典查出来它的不同读音，以及读音对应的词语，并写在课本上。

(4) 书空、观察田字格的字。要求：读田字格里的字并书空笔顺，然后展开观察，从四个方面观察：观察部件与部件之间的关系（看宽窄、大小）；观察笔画与笔画之间的关系（看方向、长短、粗细、曲直）；观察四最（看该字的最高、最低、最左、最右面的笔画是什么）；观察汉字的关键笔画在田字格中的占位（汉字的第一笔、压线笔）。

(5) 思考课后题。

(6) 写出自己在预习过程中的疑问。

接下来介绍预习单。预习单内容清晰，针对性强，易于反馈。需要教师提前设计好并发给学生。以统编教材语文二年级上册第五单元《寒号鸟》一课为例，设计如下预习作业：

《寒号鸟》预习单

1. 我读了（　　）遍课文和生字。
2. 课文有（　　）自然段，讲的是寒号鸟（　　　　　　　　），所以冻死在冬天里的故事。

3. 这些词句很有意思，我要多读几遍。

词语：晴朗　暖和　劝告　呼唤

一堵石崖　一道缝　一条河

东寻西找　太阳高照　呼呼地刮着　伸伸懒腰

得过且过　寒冬腊月　大雪纷飞

冻得直打哆嗦　冷得像冰窖

句子：北风像狮子一样狂吼，崖缝里冷得像冰窖。

4. 我新认识的多音字。（括号内组词）

号 háo（　　）　hào（　　）

当 dàng（　　）　dāng（　　）

5. 学习田字格里生字。（可以借助工具书）

生字	音节	音序	部首	结构	组词	生字	音节	音序	部首	结构	组词
脚						却					
面						第					
阵						将					
朗						难					
枯						纷					

祝贺你认真预习了课文。下面我们来挑战一下吧，加油！

6. 试着给下面的生字注音，不认识的字圈出来做个标记吧！

____

堵　缝　鹊　朗　衔　枯　劝　趁

____

将　难　且　狂　吼　复　哀

7. 给多音字选择正确的读音。（填序号）

①háo　②hào　③dàng　④dāng

寒号（　　）鸟把崖缝当（　　）作自己的窝。

当（　　）兵的人听到号（　　）角声就出发了。

8. 补充填写。

热得（　　　）　热得像（　　　）

疼得（　　　）　疼得像（　　　）

急得（　　　）　急得像（　　　）

（三）“语文园地”预习作业

“语文园地”是教材上一个单元结束后的安排，有复习和补充的作用。一年级的“语文园地”一般有“识字加油站、字词句运用、我的发现、日积月累、展示台、书写提示、和大人一起读、用拼音、查字典”等栏目内容。对于“语文园地”的内容，先整体读，接着按照每一块的内容要求展开预习。以统编教材语文一年级上册第四单元的“语文园地”为例，可以这样设计预习作业：

（1）把“语文园地”里的所有内容通读一遍。

（2）“识字加油站”：首先把这些反义词读两遍，然后在反义词里圈出来生字条里的字，给这些字组词语；其次按照“泡泡语”的要求，说说自己还知道的反义词；最后认识新笔画“撇点”，观察、书空生字。

（3）“字词句运用”：首先把词语读两遍，其次按照“泡泡语”的要求，用两种句型说句子；最后说说自己的发现：不同的季节，周围的事物也是不同的。

（4）“展示台”：在预习时，让学生把自己的姓名、班级、年龄等做成卡片，带到学校，在课堂上互相读一读，以达到认字的目的。

（5）“日积月累”：借助拼音读熟练这些名言，达到熟读成诵。

（6）“和大人一起读”：在预习时，借助拼音把《小松鼠找花生》读两遍。和爸爸、妈妈共读一遍。

（四）“口语交际”预习作业

“口语交际”主要是锻炼学生沟通与表达的能力。预习时，先让学生对交际内容做到心里有数，对交际要求明确熟知。现以统编教材语文二年级下册第八单元的“口语交际”《推荐一部动画片》为例，设计如下预习作业：

（1）阅读课本第 111 页上的所有内容，文字和图都要认真看看。

（2）完成调查问卷（由教师打印好，发给学生）。

①你看过哪些动画片？

②你最喜欢的动画片是哪一部？最喜欢片中的谁？

③最喜欢这部动画片的理由是什么？

（3）明白交际规则，根据调查问卷写下推荐词，并模拟一下自己在课堂上给同学们讲自己最喜欢的动画片的情境。

二、实施建议

（一）先扶后放

在课堂上，教师要手把手地教给学生如何朗读、如何圈画、如何标注等方法，经过一段时间的练习之后，再让学生自己预习。

（二）注重基础

小学低年级阶段正是学习语文知识、培养基本能力的基础阶段。在预习时，要多关注基础知识的掌握和基本技能的提升，培养学生扎扎实实的预习习惯。

（三）多种评价

在预习过程中，要将教师的评价与学生的自我评价相结合，以提高学生的预习质量。

（四）富于变化

根据学生的身心发展特点、教材内容的安排，以及学生在不同学期的认知水平，不断地调整预习作业。

小学中高年级段预习类作业的设计

预习是培养学生自主学习能力的重要内容，更是形成学生学习习惯、发展核心素养的重要途径。在教学实践中，教师要根据课程标准，立足相应年级的目标，紧扣单元要素，利用各种学习资源，面向全体学生，优化设计预习作业，保障预习效果，使学生有准备地进入课堂，获得良好学习体验，形成学习的良性循环。

一、单元统领，目标清晰

在大单元教学的背景下，预习作为前置性作业，承担着了解学习内容、为课堂教学做好充足准备的重要任务，应基于单元语文要素，确立清晰的目标。在单元目标的统领下，设计形式多样，具有前瞻性、实用性的预习作业，帮助学生建立初步的学习图式，以积极的心态参与课堂教学，建立起预习与课堂学习活动的知识联结点，以提升学习能力。

统编教材语文四年级下册第一单元的人文主题是“乡村生活”，围绕主题编排了一篇《古诗词三首》、两篇精读课文《乡下人家》《天窗》、一篇略读课文《三月桃花水》。单元语文要素是“抓住关键语句，初步体会课文表达的思想感情”，基于这一语文要素，教师可以这样设计“单元预习单”：

1. 打开单元导读页，认真观察图上描绘了什么画面，用完整的话说一说。
2. 读一读单元导读页上的句子，了解本单元的学习主题和语文要素。
3. 浏览本单元的课文，共有（　　）篇，分别是________、________、________、________。

4. 按照顺序读这四篇课文，你最喜欢哪篇课文，请摘抄下来感受最深的词句。

____

____

____

5. 通过预习，你已经掌握了哪些知识？与家人分享一下吧。

四年级下册第五单元是习作单元，单元中每一项学习内容都直指写作能力的培养。本单元的语文要素是“了解课文按一定顺序写景物的方法”，习作要求是“学习按游览的顺序写景物”。基于教材和学情可以设计如下，以体现习作单元的特殊性：

1. 翻看单元导读页，观察插图，用完整的句子说一说。
2. 读一读导读页右下角的语文要素和习作目标，了解本单元学习目标。
3. 本单元共有（　　）篇精读课文，分别是__________、__________。这两篇课文分别是按照__________、__________顺序写的。
4. 你在假期去过很多地方旅游，印象最深刻的是哪个地方？请你写下来。

____

5. 如果让你向同学们介绍这个景点，你会按照______________顺序介绍，重点介绍__________________（某一处）。

二、打牢基础，稳步推进

预习作业是常规性的，贯穿各个年级段的所有学习内容。小学低年级学生已经积累了一些预习方法，初步养成了预习习惯；小学中年级学生仍要扎扎实实地做好基础性预习，扫清阅读障碍，把识字写字、朗读课文作为课前预习的基础型目标。如，对于四年级下册第四单元的预习单，可以这样设计：

单元预习单

“单元预习”是不是很有挑战性，相信你闯关一定能行！

本单元一共________篇课文，分别是________________________________

1. 把课文多读几遍，你一定能闯关成功，你得到了几个笑脸呢？涂上你喜欢的颜色。你也可以读给你的爸爸、妈妈听。

读得正确☺　　　读得正确、流利☺☺

2. 通过反复朗读课文，这些加点字你一定都认识了吧！快来用“√”给它们选择正确读音吧。

忧虑（lǜ xū）　　磨蹭（céng cèng）　　稿纸（gǎo gāo）

遭殃（yāng yīng）　　疙瘩（da tǎ）　　潜伏（fú fū）

啼叫（tí dì）　　凄惨（qī qí）　　看守（kān kàn）

叫嚣（xiāo qì）　　颇多（pō pí）　　奢侈（chǐ chí）

侍候（shì sì）　　窥伺（cì sì）　　啄木鸟（zhú zhuó）

屏息凝神（bǐng píng）　　丰富多腔（qiāng kōng）

枝折花落（zhé shé）　　引吭大叫（háng kàng）

局促不安（cù zú）　　一丝不苟（jù gǒu）

供养不周（gòng gōng）

错一个☺　　　全部正确☺☺

3. 本单元的多音字我整理了一下。

例，扎：挣扎（zhá）　　扎针（zhā）　　扎辫子（zā）

____

____

____

错一个☺　　　全部正确☺☺

4. 仔细观察书上生字，组一个词，认真书写，用心识记，书写要美观啊，你是最棒的！

____

____

____

错一个☺　　　　　　全部正确☺☺

5. 细心的你一定发现本单元的四字词语特别多，用方框框出来吧。难理解的词语查查工具书。

完成☺

6. 预习中，你积累了哪些新鲜的词语呢？用圆圈把它标出来，然后每课至少选择三个词语把解释批注到词语的边上吧。老师上课要来考大家哦！

完成☺

无论是哪种课型，学生对于字词句的朗读预习都是基础型预习作业。例如，预习课文就要把整篇文章读得正确、流利，按照笔顺正确书写“会写字”，识记“会认字”的字音和字形，初步思考课后题或“阅读提示”，尝试提出一两个问题。做好了这些预习准备，学生才能在课堂上高效地参与学习活动，集中锻炼阅读思维能力和表达能力，否则字词句成了学习障碍，无法获得高阶阅读能力的练习与提升。

三、智慧创新，兴趣引领

小学中年级学生已经养成自己独特的思维方式和思维习惯，创新性的学习活动能激发学生兴趣，促进思维的深度发展。根据语文要素及学习内容的不同，教师要创新设计预习作业，初步唤醒学生认知的兴趣，通过多样化的预习活动，引导学生听说读写，充分锻炼学生自主学习的能力。

如，统编教材语文四年级下册第一单元课文《乡下人家》《天窗》《三月桃花水》，语言优美，意境幽远，非常适合朗读，为了调动学生积极性，可以这样设计作业：

同学们，征集“小小朗读者”活动开始啦！请你从本单元中选取一篇课文，反复练习朗读后录制音频，配上简单的音乐。期待你的声音展示在班级公众号上哦！

比如，统编教材语文四年级下册第二单元语文要素是“阅读时提出不懂的问题，并试着解决”，基于此，可以设计制作“问题卡”的作业：

问题卡

读了____________这篇课文，我提出了以下问题：

1. ________________________ 已解决（　　）

2. ________________________ 已解决（　　）

3. ________________________ 已解决（　　）

我是通过____________方法解决的。（已解决的问题打“√”）

再如，统编教材语文五年级上册第三单元是一组民间故事，为了落实“创造性复述故事”的语文要素，可以设置“民间故事会”的活动情境，在单元学习结束后进行展示，这就需要在预习时做好充分准备。可以结合学生正在课外阅读的《中国民间故事》，布置这样的预习作业：

“民间故事会”报名表

班级：	姓名：
所选民间故事题目	
该故事的特别之处	
自荐理由	
我已经做了哪些准备	

四、整合资源，实践预演

每个单元中的“习作”“口语交际”“语文园地”等板块都是重要的学习资源，在设计预习作业时，应站在单元整体的角度，要有前瞻性，布置适切的实践性作业，积累素材和经验，让学习感到既轻松又有趣。

比如“习作”板块，学生必须积累这两方面知识，一是内容储备，二是方法储备。书写内容来源于生活体验，并不是一朝一夕的观察与实践就可以达成的。所以，要在单元开始学习之前就布置预习作业，让学生注意积累相关生活素材，写作时才能有话可写。而方法储备主要来源于精读课文的写作方法积累，因此，在学习课文后也可以设置“总结梳理”类作业，提炼写作方法。统编教材语文四年级下册第四单元主题是“我的动物朋友”，在开始学习本单元前，可以布置如下观察记录表：

观察记录表

观察对象：	记录人：	
观察角度	特　点	备　注
外　形		
生活习性		
活　动		

除了观察身边的事物，还要用心感受身边的人和事，抓住情感流露的瞬间，为写作积累素材。比如，统编教材语文五年级上册第六单元，为了在“口语交际：父母之爱”以及“习作：我想对您说”两个板块中有话可说，就要通过留心观察父母的一举一动，用心感受父母的爱，客观地评价父母的行为。因此，在本单元学习之初可以布置以下预习作业：

生活中，陪伴你最多的就是你的爸爸、妈妈，但你是否一直忽略了他们的付出呢？从今天起，留心观察爸爸或妈妈一天的言行，认真感受他们对你的爱。如果有某一个瞬间让你感触颇深，可以拍照或者用文字记录下来，再静静地回味吧！

再如，四年级下册第二单元的“口语交际”是“说新闻”，要求准确传达信息，清楚连贯地讲述。学生需要做好准备：一是准备一则新闻，二是了解说新闻的基本方法。进行口语交际展示课可以设计这样的作业：

同学们，我们班马上要举办“新闻发布会”，请你按照如下提示做好准备：

(1) 通过报纸、广播、电视、网络等媒体，留心记录最近的新闻内容，选择一则自己感兴趣的新闻。

(2) 收看中央电视台的《新闻联播》，学习主持人的仪态大方、吐字清晰。

(3) 写出新闻稿，明确新闻的时间、地点、人物、事件，表达自己的看法，并练习播报。

除此之外，每个单元后面的“语文园地”是单元知识总结梳理、迁移运用、课外知识积累的有效载体，尤其是“交流平台”和“词句段运用”这两个栏目，内容与单元目标一致，设计预习作业也要充分利用。

基于预习作业的前置特殊性，有以下几点实施建议：

1. 作业形式多样化。重复性的基础型预习作业会打消学生的积极性，大量的书写更直接影响预习的质量，所以在设计预习作业时要避免习题化，重视语文实践活动的综合提升。通过创设预习活动，引导学生积极、独立思考，由被动认知向主动探究转变，实现预习效果由“量”的累积到“质”的转变。

2. 符合课例特点。预习的有效性直指课堂学习效率，因此预习是“服务”于课堂的。课型不同、学习目标不同，预习的重点也就不一样。因此，预习要根据课堂学习活动的需要而设置，有明确的目的性和指向性。

3. 重视评价与激励。语言学习是一项长期性的学习活动，预习习惯也需要长期坚持才能见成效。建立预习作业的检查与评价机制，能有效保持预习动力，激励性的评价更能提升学生的预习热情和自信。例如，基础型预习作业当堂检测与反馈，创新性作业根据情境创设真实进行，为学生提供展示平台，提升学生自信心。同时，教师要运用阶段性激励，让学生始终保持预习的动力。

第二节　朗读、背诵类作业的设计

在语文教学中，读是基础，读是根本，读是主导。读，是我国千百年来经过一代又一代人学习语文广泛实践行之有效的基本方法。《义务教育语文课程标准》（2022 年版）各个学段的阅读部分都要求“能用普通话正确、流利、有感情地朗读课文”。在教学建议的部分也强调“各个学段的阅读教学都要重视朗读和默读”。因此，在语文教学中，朗读指导是贯穿于义务教育阶段最重要、最基本的方法。

小学阶段的语文学习是积累基础知识的黄金阶段，学生年龄小，记忆力强，教材精选的课文多是美文佳作。教师在布置作业时应当重视朗读和背诵。学生在正确、流利、有感情地朗读课文后，通过理解并背诵内化为自己的语言，才能提高自身的口头表达能力，增强表现力与自信心。朱自清先生指出：学生对课文内容的理解，其意义的获得一半是在声音里头。可见，朗读对于学生学习语文、培养语感、积累语言是非常重要的。因此，朗读作业就成了小学语文作业中最常见的作业方式之一。

一、立足教材，明确目标

朗读、背诵类作业设计应落实课程标准要求，立足单元要素，明确各学段、各单元之间语文要素的螺旋式上升关系，确定学习目标。通过朗读来培养学生的语感，让学生积累语言、提升表达能力。语文教学的使命就是立心育人，以文化人，以文培真、育善、育美，即培养学生的语文综合素养，而设计朗读、背诵类作业的宗旨就在于培养学生的语文核心素养，学生的朗读兴趣对学科素养的形成影响很大。因此，朗读、背诵类作业设计应培养学生的朗读兴趣，关注朗读内容的丰富性与多样性。如统编教材语文二年级上册《雾在哪里》一课，这篇童话故事运用拟人的手法，将“雾”这一人们熟悉的自然现象，描述成淘气的孩子和世界捉迷藏的故事，整篇课文生动有趣，自然能激发学生的朗读兴趣。

二、系统设计，循序渐进

（一）课前朗读明技巧

课前预习，必不可少的就是朗读课文。在朗读时，首先要明确要求：一是读准字音，读通句子；二是朗读时不添字、不漏字、不读错字、不重读，注意标点符号的停顿及语气；三是在读通顺的基础上大声朗读课文；四是要端正坐姿，专心致志地朗读。当朗读要求明确时，学生就能按照教师的要求去朗读。朗读得好，可以达到声情并茂的效果，进入动人心魄的境界。朗读还能帮助学生扩大词汇量，拓宽知识面，增强语感，从而提高学生的口语交际能力和口头表达能力。

最好的作业，就是从学生中来，到学生中去。以预习统编教材语文二年级上册《场景歌》为例，在教学前，教师首先询问学生的想法，让学生进行小组讨论：如果你是老师，你会让学生怎么预习朗读这篇课文？朗读到怎样的程度才能更好地学会新知识？学生兴趣十足，纷纷发表见解。根据学生的建议总结预习要求如下：

（1）自己借助拼音读准字音，读通句子。

（2）朗读时注意不加字、不漏字、不读错字、不重读，注意标点符号的停顿及语气。

（3）在读通顺课文的基础上大声地朗读课文，模仿教材录音中的声音。

（4）在朗读时养成好习惯，专心致志朗读。

当明确了朗读预习作业的要求时，学生看到自己制定的作业标准，都很愿意去完成，朗读作业设计的有效性也得到了体现。

（二）课中品读悟情感

“无朗读，不语文。”语文课堂中的朗读，是指能清晰、流畅地把课文读出来。这是让无声的书面语言有声化的一种阅读方式，语文教学中最重要的任务就是要培养学生的语感，语文课的特点才能够充分体现出来。正确、流畅、有感情地朗读利于培养学生的语感，从而提高学生的表达能力、审美能力、理解能力、写作能力。

有效地朗读预习后，学生在课堂上的朗读展示形式就更加丰富，参与度也得到了提升。在教学中，根据不同的文本，教师会设计不同的朗读形式，来完成教学目标。比如，针对写景类的文章，可以让学生进行配乐朗读、想象画面朗读；遇到慷慨激昂的文章，可以采取男女生接读、齐声诵读；而对于对话较多的文章，就进行分角色朗读，感悟角色鲜明的性格时就进行赛读，读出人物说话的语气；而针对故事性比较强的文章，还可以进行表演读。

如统编教材语文二年级上册第五单元，围绕“思维方法”主题编排了《坐井观天》《寒号鸟》《我要的是葫芦》三篇课文和“商量”口语交际活动。三篇课文内容浅显易懂，但都蕴含着深刻的寓意，既能激发学生的兴趣，又能启迪学生明理，为学生初步形成正确的人生观、价值观提供了充足养料。在单元作业设计时，可以从本单元三篇故事的特点出发，创设“读故事，明事理”的作业情境，以“读”为契机，从读流畅、读生动、读美妙、读明白四个维度，联系生活实际，突破单元教学重点“初步感受课文语言的表达效果”，引导学生通过朗读初步感受语气的表达，可以设计如下作业：

小小标点我会读

●我会读：你能读出不同句子的语气吗？

同学们，你被这一个个的故事吸引了吗？故事中主人公的对话你读懂了吗？从他们的对话中，你感受到他们心里的想法和情绪了吗？来，想一想：如果你是他们，会用什么样的语气来读这些句子呢？请你读一读、试一试吧。

我会读

◇天不过井口那么大，还用飞那么远吗？

◇叶子上的虫还用治？

◇有几个虫子怕什么！

◇不信，你跳出井来看一看吧。

◇天无边无际，大得很哪！

●我会填：你能根据句子的不同语气填上对应的标点符号吗？

不同的标点符号表示的情感、语气、意思各不相同。同学们，请你读一读下面的句子，你体会到主人公的心情了吗？请给它们填上合适的标点符号吧！

◇大青蛙说："有什么好看的，天不就井口那么大嘛□爬出去太危险了，还不如这儿舒服□"

◇他盯着小葫芦自言自语地说："我的小葫芦，快长啊，快长啊□长的赛过大南瓜才好呢□"

●我会用：你能根据情景准确使用恰当的语气吗？

同学们，在与人交流的时候使用恰当的语气，往往会让人如沐春风。请你结合生活经验，想一想：遇到下面这种情况，你会用什么样的语气来跟别人进行商量呢？和同学试着说一说吧。

◇向同学借的书还没有看完，你想跟他商量一下，再多借几天。

◇最爱看的电视节目就要开始了，但爸爸正在看足球比赛，你怎么和爸爸商量？

与语言交朋友

●想一想：你发现语言表达上的秘密了吗？

同学们，读本单元这三个有趣的故事时，你是不是时而为青蛙感到可悲，时而为寒号鸟感到难过，时而为种葫芦的人感到惋惜？这些感受，都离不开故事生动美妙的语言表达呀！读读下面这些语言，想一想：你感受到了什么？又发现了什么呢？

冻得直打哆嗦	冷得像冰窖
热得直冒汗	热得像蒸笼
累得直喘气	笑得像花儿
疼得直咬牙	慢得像蚂蚁

●说一说：你能用上它们表达自己的感受吗？

多么形象的表达呀！你能像下面这位同学一样，用上面的方式仿写，结合自己的生活体验，表达自己的感受吗？来，赶紧试一试吧。

◇洋洋说："夏天骄阳似火，在太阳的照射下，大地热得像蒸笼，摇着扇子、吹着空调还是热得直冒汗。"

语法、修辞我会读

汉语有着自己独特的音乐美和节奏感，这样的音乐美和节奏感是言语表达效果的重要组成部分。因此，自己朗读或听他人朗读，通过语言的声音和节奏体会表达效果，也是一种重要的方法。诗歌最讲究韵律，好的文章也十分注意用字响亮、清晰和上口动听。

如《寒号鸟》中："寒冬腊月，大雪纷飞。北风像狮子一样狂吼，崖缝里冷得像冰窖。寒号鸟重复着哀号：'哆啰啰，哆啰啰，寒风冷死我，明天就做窝。'"这句话读起来，朗朗上口，节奏感很强。句中使用比喻的修辞手法，将"北风"比作"狮子"，将"崖缝"比作"冰窖"，更加形象生动地突出了北风的冷冽和崖缝的寒冷。作业设计时，只需引导学生在朗读中结合自己的生活经验去联想，就能感受到句子表达的意思，体会到句子的节奏感，加深学生对故事寓意的理解。

（三）课后悦读多激励

《义务教育语文课程标准》（2022 年版）中明确指出：“要让学生充分地读，在读中感知、感悟，在读中培养语感，受到情感熏陶。”因此，语文教学要抓语言，语言教学要抓语感，语感教学要抓朗读，朗读训练沟通着听说读写，连接着知情意行。要让朗读作业的设计发挥时效性，体现朗读的价值，要给学生搭建更多的展示平台。比如，可以设计《我是小小朗读者》这种形式的作业。

（1）每节课前朗读展示。在语文课上的前三分钟，是学生展示的机会，由一位同学上台朗读美文或古诗，朗读时要求声音洪亮，节奏分明，注意抑扬顿挫，将自身的感情融入文章中去，读完以后，同学进行评价，评选出“最佳朗读者”。

（2）每周一次朗读擂台赛。当场评选出优秀朗读者，颁发奖章。

（3）每月一次讲故事大赛。讲故事不是一字不落地背诵课文，而是对学生的语速、语气、语调、情感等都有明确要求。从比赛中评选出“故事大王”，并参加学校每年一次的教育戏剧演出。

这样的方式易于调动学生朗读的积极性，提升学生的语言表达能力。

三、运用策略，保证质量

（一）朗读目标清晰化

对于小学低年级朗读、背诵类作业的设计，就是让学生在朗读中增大识字量、扩大阅读量，培养朗读兴趣，让学生在完成作业的过程中掌握朗读的技巧，培养学生的阅读习惯和能力，使学生在朗读的过程中增强语感，提高朗读水平，提升语文素养。

（二）朗读形式多样化

注重朗读形式的多样化，不但能够帮助学生理解所学的课文内容，还能激发学生的朗读热情，从而提高学生的朗读能力。朗读的形式有范读、齐读、赛读、学生自由读、分角色朗读、表演读等，要根据课文的不同内容灵活地运用各种朗读方式及策略。多样化的设计形式有助于学生真切领会语言表达的精妙之处，以达到借声悟情的效果。

（三）朗读评价多元化

“评价学生的朗读，可以从语气、语调和情感等方面进行综合考查，还应注意考查学生对文章内容的理解和对文体的把握情况。”在朗读作业中，我们应采用教师评价、生生互评、家长评价等多元化的评价方式，全面评价学生的朗读，增强学生想读、爱读、读好的愿望，树立学生的自信心。

第三节　抄默类作业的设计

《义务教育语文课程标准》(2022年版)中指出:“先写基本字，重视学生的写字姿势，引导学生掌握基本的书写技能，养成良好的书写习惯。在第一学段，学生能正确书写800个左右的常用汉字，愿意整理自己的学习成果，并向他人展示。”语文课程标准的要求明示了小学低学段学生的书写目标，而抄写、默写作业是落实这一目标的主要途径。抄写、默写不仅是学生日常学习的基本要求，更是课外阅读提升与拓展的重要形式。适量的抄写、默写练习还能提升书写速度，保障学生学习效率。小学低学段的抄写要重视学生的书写姿势、书写汉字的基本功、书写兴趣。抄默类作业可以根据目的、内容、形式等进行分类设计。

一、识记字形而抄写

(一) 常规作业

按照统编语文教材的顺序，一年级上册第一单元是识字单元，从第二课开始就要学习写汉字了，第二课《金木水火土》有“一、二、三、上”4个要求会写的生字，课堂上教师讲解之后，为了巩固这些生字就需要抄写，可以布置以下作业:

(1) 练习书写“横”画、“竖”画各4个。

(2) 抄写一遍"一、二、三、上"的笔顺。

(3) 书写"一、二、三、上"各4个。

抄写要求是：整洁、规范、端正、美观。学生手上的肌肉发育尚不完善，故此时的作业要求多以整洁、规范、端正为主。

一年级第一学期需要写100个字，这些字是构成合体字的基础，字形简单，需要通过抄写汉字的笔顺及汉字让学生记住字形。

(二) 创新作业

统编教材语文一年级上册第一单元《日月水火》一课的教学内容与象形字有关，学起来非常有趣。为了充分感受汉字的文化魅力，也为以后的字理识字打下基础，除了书写本课的生字以外，还可以设计如下实践性作业"书写象形字"：

(1) 教师给出6个象形字：贝、牛、云、雨、马、车。

(2) 学生去图书馆或者在网上找到这6个字的象形字写法。

(3) 准备一张A4纸，分出等份六块，一块内容书写一个象形字。

(4) 做好后，带到学校展评。

二、读写结合而抄写

(一) 常规作业

汉语拼音是小学生识字的重要工具，在识字量不足的情况下辅助使用。一年级上册第二、三单元是汉语拼音，要求学生熟练书写声母、韵母，整体认读音节、两拼音节、三拼音节及音节词。在课上、课后抄写拼音能帮助学生及时巩固新知。现以《ai ei ui》为例设计抄写作业。

首先，是在课堂上认读会了 3 个复韵母之后当堂练写的作业：

(1) ai、ei、ui 各书写 4 个。

(2) 带声调的 ai、ei、ui 各书写一遍。

提出书写要求：两个字母在书写时要靠近一些。

重视运用是语文学习的重要要求，书写音节词是学生运用学过的声母、韵母、声调等知识的表现，如何书写音节词呢？教师要精准示范，书写音节词要按照顺序在四线格中写完所有字母后再标调，不要看一个字母写一个字母，而是看一个音节写一个音节，这是书写音节词的习惯。

接下来，可以在"延时服务"课上布置书写音节、音节词的作业：

(1) 抄写一遍课本上与 ai、ei、ui 相拼的音节。

(2) 抄写一遍"mèi mei、nǎi nai、pái duì"。

这些音节都是在课堂上练读过的，及时抄写，就起到了巩固作用。另外，学生在课堂上一直练习拼读，会出现疲劳情况，及时安排合理的书写作业，在一定程度上能缓解读的疲劳，而且手、脑、口结合起来学习，易于提高学习效率。

（二）创新作业

在学生学完 23 个声母、24 个韵母、16 个整体认读音节后，为了加深学生对拼音的印象，探索学习拼音的新途径，教师可以设计实践性作业"拼音乐园小报"，以图文并茂的方式抄写汉语拼音里的声母、韵母，整体认读音节。具体这样设计：

(1) 做拼音小报的要求，纸张：一张 A4 纸；内容：23 个声母、24 个韵母、16 个整体认读音节。

（2）带领学生欣赏优秀的拼音小报。

（3）做拼音小报时可以创新，可以书写音节词、用拼音写句子等。

（4）做好带回学校展评。

三、积累词句而抄默

（一）词语积累

《义务教育语文课程标准》（2022年版）中基础性学习任务群提出要重视词汇的积累，除了通过预习、课堂上学习、复习等形式积累词语外，合理设计抄默类作业更为积累词语增添了方法。

（1）常规作业

教材上的词语表是重中之重，二年级上、下册教材上词语表加起来有506个词语，在每一课里完成抄默，逐步实现对这些词语的积累。以统编教材语文二年级上册《小蝌蚪找妈妈》一课为例，可以进行如下作业设计：

（1）朗读“看见、哪里、那边、头顶、眼睛、雪白、肚皮、孩子”8个词语。

（2）抄写以上8个词语，时间5分钟。

（3）听写词语。

（4）根据批改订正错别字。

（2）创新作业

为了调动学生做抄默类作业的积极性，也为了让平时抄默类作业更有效，我们设计开展“小小书法家”比赛。

（1）教师选定20个基础词语，其中10个词语稍有难度，提前一周练习书写。

（2）统一发放精美的书写纸，让学生在规定时间内完成书写内容。

（3）由年级组的全体语文教师统一评价书写作品，并给优秀书写作品完成学生颁奖。

（3）特色词语积累

统编语文教材所选的课文皆文质兼美，里面的部分内容特别适合抄写积累。比如，统编教材语文二年级上册第八单元《狐假虎威》中有“骨碌碌”这样“ABB”式的词语，可以这样设计作业：

（1）预习时在文中圈出 ABB 式的词语。
（2）把 ABB 式的词语抄写在积累本上。

（二）句子积累

（1）支架式设计

在统编语文教材的“语文园地”板块里都设计有“日积月累”栏目，这是必背内容，通过抄写、默写可以加深学生的记忆。对于一年级学生来说，写字数量、写字能力有限，在学生背诵后，可以采用挖空的方式设计作业。以一年级上册“语文园地六”的“日积月累”《古朗月行》（节选）为例，作业设计如下：

古朗月行（节选）

唐　李白

____时____识____，呼作白玉盘。
又疑瑶台镜，飞____青____端。

（2）自主式设计

学生到了二年级第二个学期时，写字数量增加，写字能力提升，对于“语文园地”里的“日积月累”就可以在背会后展开默写了，同时难写的字可以用拼音代替。比如，统编教材语文二年级下册“语文园地二”的“日积月累”栏目中是关于帮助他人的名言，在学生背会后，可以设计以下作业：

请默写出“语文园地二”里关于帮助他人的三句名言，难写的字用拼音代替。

____

____

____

(3) 互助式设计

在遇到一些课文较长，但是又要求背诵和默写的，可以采用同桌互助式抄默方式。现以统编教材语文二年级下册第六单元《雷雨》为例，《雷雨》的第1～3自然段和第7～8自然段是描写景物的句子，先进行抄写，同桌二人分工，每人选择抄写一部分，抄写完之后互相检查有无错误，然后再默写，同桌二人选择好自己想默写的那一部分，默写之后两人互相批改。

抄写《雷雨》第一部分（1～3段）：

____

____

____

抄写《雷雨》第三部分（7～8段）：

____

____

____

四、分类整理而抄写

(一) 单元知识整理

统编语文教材以单元为单位进行编排，每个单元的主题、语文要素有其独立性，一般一册教材共八个单元，学完一个单元后及时整理，以达到复习巩固的目的。把八个单元进行整理，这样学生对整册书的知识点就有了全面把握。所以，可以给学生设计“单元知识整理”手抄报作业，如二年级下册第二单元的单元知识整理手抄报的主要内容是：

（1）梳理本单元要求会写的字。

____

____

（2）梳理本单元要求会写的词语、近义词、反义词。

____

____

____

（3）梳理本单元有问有答的特点的句子和描写景色的优美句子。

____

____

____

（4）梳理、拓展一词多义现象。（不少于2个）

____

____

（5）梳理主题为“关爱”的名言。

____

____

____

（二）期中分类整理

一个阶段的学习之后，及时复盘和整理，既能增加积累，又能锻炼思维。在学完一年级教材的前四个单元之后，对于要求会写的36个汉字分类整理设计，能起到很好的复习作用，可设计作业如下：

请根据要求分类。

两拼音节的字：________________

三拼音节的字：________________

整体认读音节的字：________________

特殊韵母的字：________________

五、易错字辨析抄写

一、二年级学生性格活泼，喜欢动手类作业，有主动识字的愿望，且小学低年级段的重要学习任务是识字与写字。大量的抄写、默写因枯燥而易出错，或者学生因为没有掌握牢固而写错了字，或者有一些字本身就是易错字。根据这些情况，可以设计成写字课本的作业形式，让枯燥的写字变成个性化表达的过程。

（1）抄写本课的易错字。

____

（2）每次抄默作业中的错字汇总及错字笔顺顺序。

____

（3）根据汇总进行抄默练习。

____

对于共性的错字，选学生上台讲解，促进学生记忆正确的字形或者词语。因为每个学生的出错情况不一样，经过一个学年之后，写字课本有厚有薄，学生都喜欢薄薄的写字课本，于是抄默时就更加认真了。

六、实施建议

第一，内容上有选择性。语文课标对于词汇积累的要求与范围、教材上出现的词语表、学生易错的字词与课后题里面要求抄写的内容，就是备选的抄默内容。

第二，理解过后再抄默。比如生字的抄写，首先教师要通过有效的方法带领学生对汉字进行观察、分析、运用后，教师示范写，学生描红，再抄写，这样掌握得就比较牢固。

第三，抄写次数要适当。布置抄默类作业不能随意，不能以为学生抄写得多就记得牢。如果学生掌握了科学的识记方法，记住字音、字形的情况下，再抄写两三遍，加深记忆，通常就能掌握汉字。

第四，形式创新要多样。比如每次抄写句子时，逐步增加一个新的内容或者知识点，第一次抄写在一行的最后出现逗号的句子，第二次抄写在一行的最后出现有顿号的句子，然后抄写在一行的最后出现有省略号的句子，这样渐进式地抄写句子，对学生来说既有新鲜感，又扎实有效。

第五，力求校内完成。目前，我国实行“双减”政策，教师根据课堂上的讲练内容设计抄默作业，充分利用延时服务时间完成抄默。

第六，激励措施重连续。抄默作业要定期展评，让学生在评比中发现自身的优势和不足，促进学生自主地完善和改进自己的抄默内容和水平。在每一次的评比中都要评出最美书写作业，连续五次被评为最美书写作业就可以免抄默一次。免抄默能激发学生对荣誉感的追求，促进整个抄写过程更加细致、认真、用心。

第七，分层布置巧设计。布置抄默作业时，教师的统一要求会给学生带来负担，所以要分层设计。对于抄默能力强的学生，提出目标，可以放手让他们自己安排练习，默写时能全部默对即可。对于默写能力一般，写字丢笔画、多笔画，常忘记某个字的写法的学生，教师就要加强写字指导。对于学习态度不佳、默写能力较低的学生，要关注其进步程度，及时地鼓励表扬。

第四节　知识结构梳理类作业的设计

《义务教育语文课程标准》（2022 年版）中规定：义务教育语文课程内容主要以学习任务群组织呈现。学习任务群的提出和统编语文教材的编排特点紧密相关，我们现在所学知识都是以特定学习主题为学习单元，进行具有内在逻辑关联的语文实践活动。学生对于碎片化知识的梳理与总结的能力，就成了评价学生知识体系掌握情况的一项重要内容。思路清晰、紧密关联的知识结构梳理类作业，不仅可以锻炼学生的收集和整理能力，帮助学生形成完整的知识脉络体系，强化基础知识，感受文化内涵，促进知识结构的形成和储存，还可以引导学生在学习实践中探索知识关联，掌握语言类知识规律，提升语文核心素养。

一、整体建构，提纲挈领

（一）以语文要素为统领

设计知识结构梳理作业的主要目的，就在于评价语文要素是否真正落实了梳理碎片化知识结构。因此，教师必须以语文要素为统领，整体把握知识梳理的方向与角度，备课时要认真研读教材，明确各学段、各单元之间语文要素的螺旋式上升关系，确立梳理目标，并以此为依据确定每次的知识结构梳理作业设计目标。

如，统编语文教材对“观察”这一语文要素安排了序列式的训练：三年级上册习作单元的内容是“留心观察、细致观察”；三年级下册要求“试着把观察到的事物写清楚”；四年级上册安排了“连续观察”单元，要求学生写观察日记，通过观察，抓住事物的特点；五年级上册安排了学写抓住事物特点的“说明文”。这样的序列化安排，是着重让学生经历系统的观察训练。因此，在设计作业时，我们要依据语文要素，根据不同学段要求，设计不同层面的知识结构梳理作业。

（二）以梳理知识为主线

知识结构梳理作业的主要内容，是对已有的大量零散知识的收集、分类与整理。因此，设计此项作业要以学生已掌握的碎片化知识为起点，树立整体建构意识。比如，学生已掌握的知识点有哪些，哪些知识点需要重点梳理，以什么样的形式帮助学生建构知识框架、形成知识逻辑，梳理这些知识对于学生的整个知识体系起到什么作用等，在统编教材的编排序列上，掌握此项能力显得至关重要。已有知识体系是后续新知识学习的起点，只有基础知识结构体系搭建得牢固，才能实现语文核心素养的不断提升，才有可能向纵深处探索，向更广处蔓延。在“整本书阅读”“群文阅读”“多文本阅读”的大阅读体系中，学生只有整体建构阅读知识体系，才能精准把握阅读主线，不断提高自己的阅读知识梳理水平。以知识梳理为主线，精准把握零碎基础知识，才能把知识结构梳理作业设计得更全面、更完整。

二、构建框架，全面梳理

（一）单篇文章知识结构梳理

文章的结构，是理解文章内容的最好抓手。在初读课文以后，我们往往会让学生初步了解文章的大致内容。学完全文之后，进行课文知识结构梳理，就成了检验学生是否清晰理解文章内容的最佳方式。

如，统编教材语文二年级上册第一课《小蝌蚪找妈妈》，可以设计这样的作业：

小蝌蚪找妈妈的过程太不容易了，你能做一份“小蝌蚪寻妈记”的思维导图吗？可以从一个方面或几个方面展示：“小蝌蚪的样子”“身体变化”“寻找过程”“深刻体会”。

以下是学生的作业。

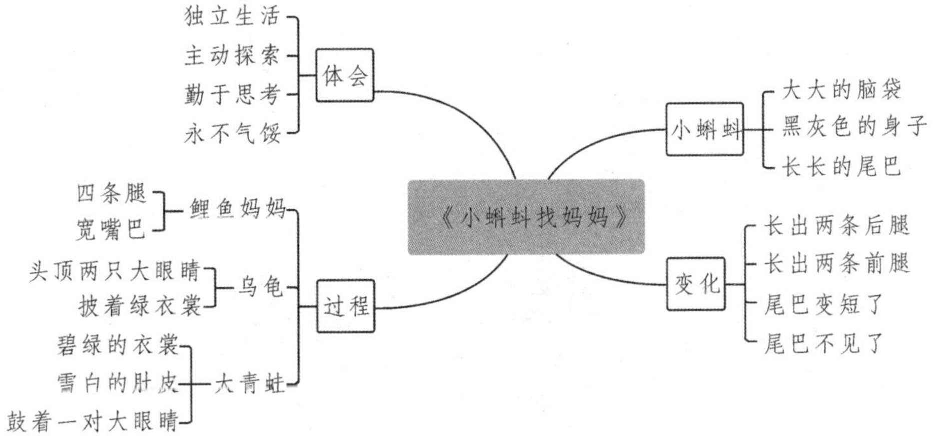

再如，统编教材语文三年级下册第八单元“有趣的故事”，语文要素是“了解故事的主要内容，复述故事”。《慢性子裁缝和急性子顾客》一课，学生可以借助关键时间词，用表格的形式梳理文章的主要内容，并根据表格的内容练习复述。

时间	急性子顾客的要求	慢性子裁缝的表现
第一天	做件棉袄，越早越好	说服顾客，绝不会让人笑话您
第二天	改成夹袄	为您服务，没说的
第三天	改成短袖衬衫	好办得很，没问题
又过了一天	改成春装，接上袖子	起初摇头，接着又让顾客放心，最后说还没开始裁料

结构梳理

慢性子裁缝和急性子顾客

- 第一天
  - 顾客——什么时候来取衣服
  - 裁缝——明年冬天
- 第二天
  - 顾客——改成夹袄
  - 裁缝——为您服务，没说的
- 第三天
  - 顾客——改成短袖衬衫
  - 裁缝——好办得很，没问题
- 又过了一天
  - 顾客——改成春装
  - 裁缝——还没开始裁料

急不得，慢不成

总分形式，是一种常见的课文内容结构组成方式，如统编教材语文三年级上册第六单元《美丽的小兴安岭》一课，在课堂上，可以利用板书形式，让学生进行课文知识结构的梳理，挖空其中一部分，锻炼学生对知识结构的梳理总结能力。

结构梳理

美丽的小兴安岭

- 总起——树多　景美
- 分述
  - 春：树木　积雪　溪水　小鹿
  - 夏：树木　雾　太阳　草地　野花
  - 秋：树木　山葡萄　榛子　蘑菇　木耳　人参
  - 冬：树木　雪花　西北风　黑熊　紫貂　松鼠
- 总结——美丽的花园　巨大的宝库

景色美丽，物产丰富

（二）阅读单元知识结构梳理

义务教育阶段语文课程内容与学生生活实际十分贴合，丰富多彩的学习情境，富有挑战性的学习任务，让学生带着强烈的好奇心、求知欲，进行自主、合作、探究式学习。因此，教师在进行阅读单元知识结构梳理时，可以融合文本与人文，创设语文实践情境，让学生深入感受生活中文化的魅力，在情境中探寻梳理知识，建构知识发展脉络，夯实文化底蕴。

如，统编教材语文三年级下册第三单元的人文主题是“中华优秀传统文化”，语文要素是“了解课文是怎么围绕一个意思把一段话写清楚的”。在课堂学习中，教师首先带领学生领略古人是怎么过节的，然后把《赵州桥》《一幅名扬中外的画》两篇课文组合在一起学习，可以为学生设计以下课堂知识梳理作业：

（1）你发现这两段表达上有什么样的共同点吗？

答：采用了先总说，后分说的叙述方式；都用到了“有的……有的……”的句式。

（2）这样的叙述方式还可以应用于哪类习作？

答：赏花灯、购年货、蒸花糕……

（3）如果要写“剪窗花”“做灯笼”这类做手工的作文怎么办？

答：写作规律就是：运用准确的动词。

（4）“探究国宝”，请同学们梳理课文内容，借助关键句，用思维导图等自己喜欢的形式梳理造纸方法的传承过程。

（5）传统节日中最热闹的就数过年了，贴窗花、贴春联也是必不可少的喜庆活动，你知道哪些形式的窗花呢？窗花有哪些讲究呢？春联又有多少种类呢？不同的行业贴的春联有什么不一样呢？请你梳理一下，用表格或思维导图的形式展示出来吧。

（6）最后，请你为学校写一副春联，送给自己所在的小学。

（三）习作单元结构梳理

统编教材语文四年级上册第五单元“习作单元”，通过学习两篇精读课文，让学生从具体的语言文字中感受表达的特点，学习习作方法。“交流平台”帮助学生梳理、总结习作方法。“初试身手”提供尝试表达的机会。“习作例文”再次展示习作范例。每一课学习后要布置总结作业。整个单元学习完以后，学生已经初步掌握了习作方法和技巧，那么就可以布置这样的课后作业：

（1）回想一下，两篇精读课文有哪些写作方法用得好，梳理总结一下，摘录相关语句。

（2）“交流平台”告诉我们什么？

（3）从“初试身手”“习作例文”中，你又得到了哪些启发？

思考以上问题，请从“精读课文、交流平台、写法技巧、精彩语句”这四方面梳理总结本单元的知识要点，可以思维导图、知识树、手抄报等形式展示。

以下是学生完成的作品。

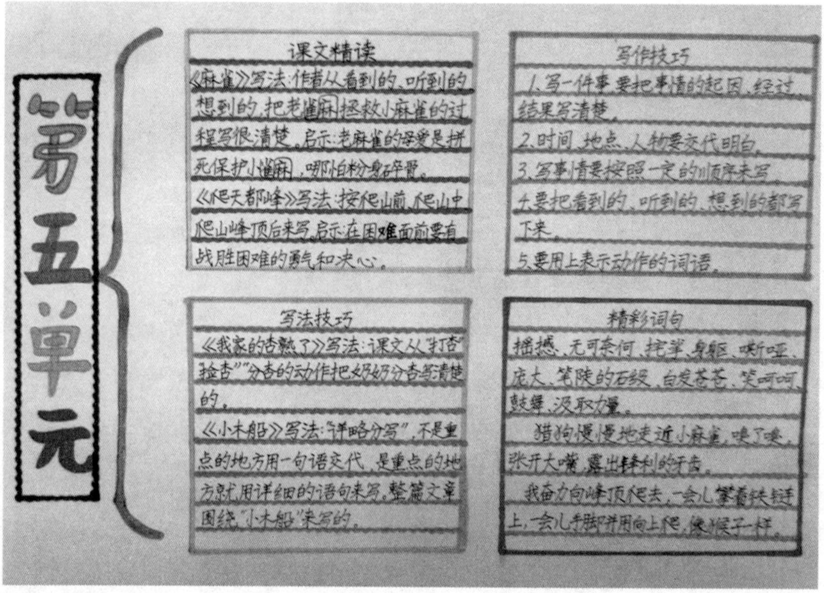

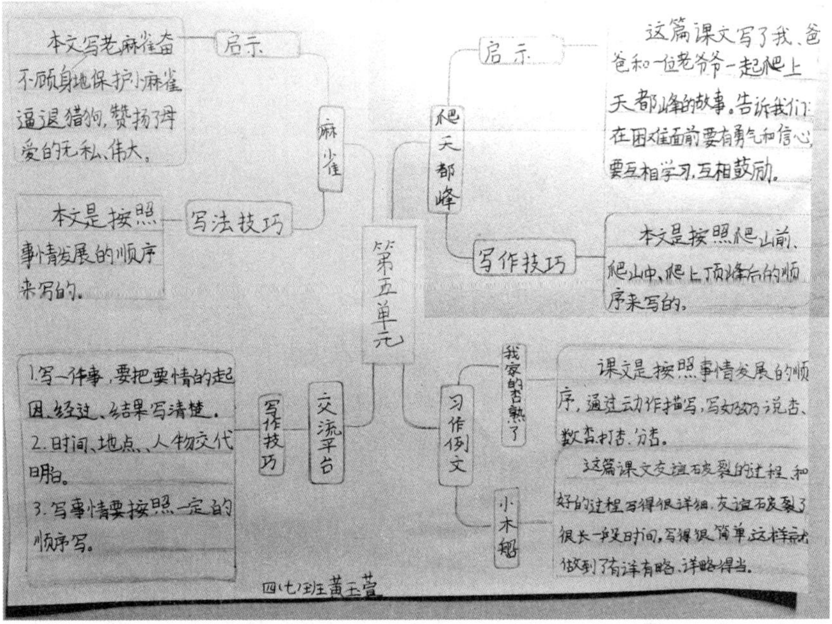

（四）整本书阅读知识梳理

任务群视角下的知识结构梳理作业还注重探寻、梳理整本书阅读后的知识框架体系，基于学生的认知水平和能力发展需求，要围绕单元人文主题和语文要素有针对性地设计。

如，统编教材语文三年级下册第二单元是“寓言故事单元”，语文要素是“读寓言故事，明白其中的道理”，栏目“快乐读书吧”向同学们推荐了《中国古代寓言》《伊索寓言》《克雷洛夫寓言》，在同学们读完三本书的内容之后，可以设计如下自选作业：

(1)“小故事，大道理”是寓言故事带给我们的最深刻的感受，《中国古代寓言》题材广泛，形式活泼，读起来既有意思，又发人深省。《伊索寓言》就像一个奇妙的动物王国，《克雷洛夫寓言》则是老故事蕴含了新道理。你能分别从三本书中找到三个最具代表性的故事，并把故事主要内容和道理梳理出来吗？请以思维导图的形式完成。

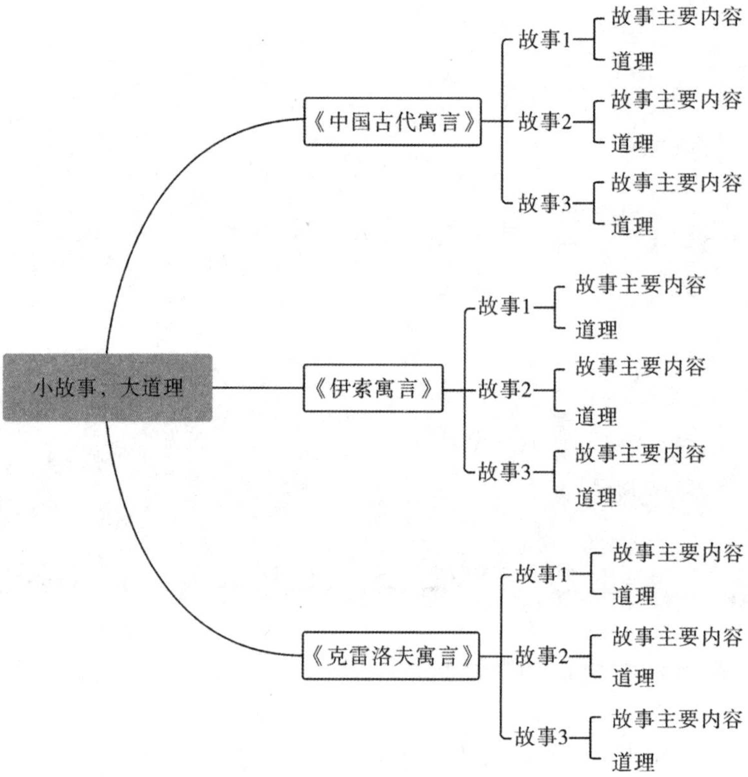

（2）一个有趣的寓言故事当中蕴含着一个意味深长的道理，如果把这些寓言故事制作成扑克牌，那一定特别精彩！请你选择最喜欢的一本寓言故事，把其中你最喜欢的故事名称写在卡片上，用彩笔画出主要人物的画像，做好后和家人一起打“寓言故事”扑克牌吧。

如，统编教材语文四年级上册第四单元是“神话故事单元”，语文要素之一是“感受神话故事中神奇的想象和鲜明的人物形象”，从中国古代神话和希腊古代神话不同地域诸神相似的特殊本领的角度来进行梳理，可以设计“绘制神话人物功能卡片”，具体作业如下：

同学们，学习了本单元的课文，相信你对中外神话故事中的人物有了深入的了解，他们拥有的特殊本领名称不同，但又有共同之处，请你分别选择两组本领有相同点的中国神话人物和外国神话人物，为他们绘制画像吧。

中国神话人物	外国神话人物
姓　　名：＿＿＿＿＿＿	姓　　名：＿＿＿＿＿＿
特殊本领：＿＿＿＿＿＿	特殊本领：＿＿＿＿＿＿

通过对比，我发现中外神话人物的相同点是：＿＿＿＿＿＿＿＿＿＿

＿＿＿＿＿＿＿＿＿＿＿＿＿＿＿＿＿＿＿＿＿＿＿＿

不同点是：＿＿＿＿＿＿＿＿＿＿＿＿＿＿＿＿＿＿＿＿

（五）相同知识点梳理

小学中高年级语文教材的课文，逐步出现一些较难理解的词语和句子，在细致的教学过程结束后，设计知识结构梳理作业时应引导学生聚焦关键词句，认真揣摩与对比，总结与概括，精准把握知识重难点，训练学生对分布在不同文本中知识的梳理概括能力。

如，统编教材语文三年级上册第二单元安排了三首古诗《山行》《赠刘景文》《夜书所见》，以及《铺满金色巴掌的水泥道》《秋天的雨》《听听，秋的声音》等课文，课后可以设置这样的练习题：

同学们，学完了本单元的课文，你学会了哪些理解难懂词语的方法？请以思维导图的方式呈现出来吧，看谁总结的方法多。

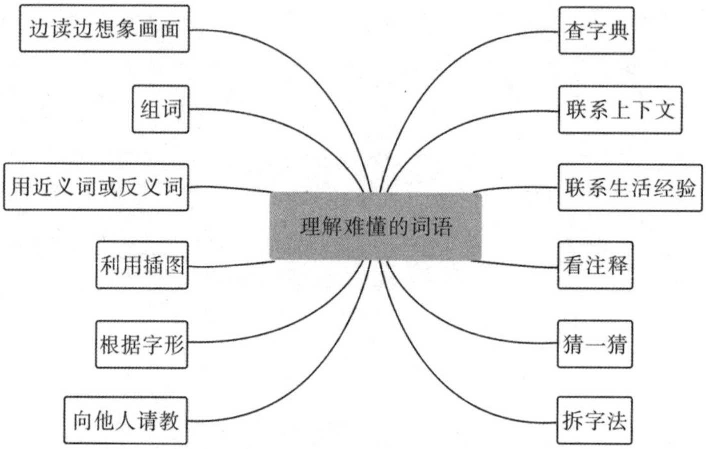

又如，统编教材语文四年级上册第七单元语文要素：“关注主要人物和事件，学习把握文章的主要内容”。对于由多件事组成的文章，教师可以采用“事件串联法”把握文章的主要内容，再进行知识梳理，可以布置这样的作业：

同学们，对于“把握文章的主要内容”这一知识点，我们知道针对不同的课文有不同的方法，比如《观潮》一课的题目能提示文章的主要内容，你还能想到本册书中有哪些课文是用哪种方法把握文章主要内容的吗？试着梳理一下吧。

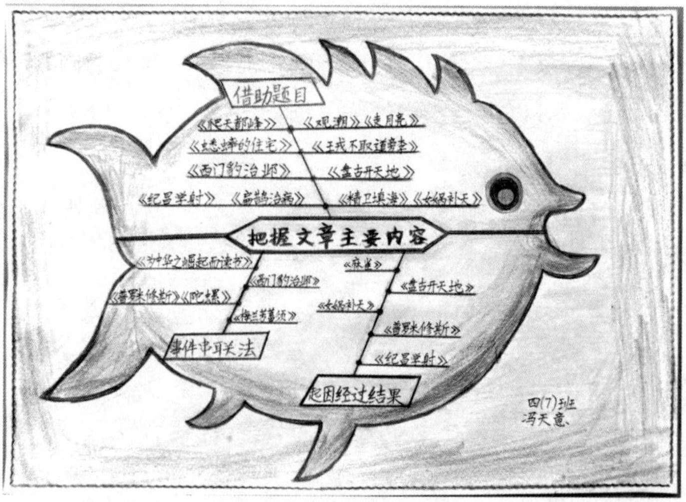

在知识结构梳理作业设计中，除了采用思维导图、小报、表格罗列、当堂板书的方式以外，还可以运用词串、句子集锦、对比梳理、分解内容等方法提示思考路径，引导学生个性化梳理，逐步形成清晰、严谨的梳理框架，培养学生的品鉴能力。

三、紧扣中心，策略先行

（一）目标精准，内容全面

知识结构梳理作业的设计，是为了巩固教学效果，帮助学生整体建构，提升学生核心素养。因此，梳理在精准的目标下，要避免作业形式化、表面化、简单化、无效化，要指向学生思维、总结、梳理等各方面能力的提升，要将学生所学知识进行全面的提炼总结，所包含知识尽可能全面，没有遗漏。否则，梳理知识结构就违背了原本意图，失去其建构的意义了。

（二）完成时间，灵活掌握

在大单元统整教学的背景下，作业的完成时间也应根据任务的难易程度来设置。比如《慢性子裁缝和急性子顾客》一课的作业，可以放在教学前的预习时间进行，能够帮助教师掌握学情，在教学过程中进行修正；《美丽的小兴安岭》一课的作业，可以在教学过程结束时完成，在教学情境中引发学生思考；再比如“春联的种类”等实践性作业，就可以在寒假里完成，给足学生搜集资料、思考整理、体验文化的时间；制作寓言故事扑克牌，则可以在学期末作为学期特色作业完成并评选。只有这样，才能保证每个学生充分发挥自己的优势，提升各方面能力。

（三）分层作业，多元评价

知识结构梳理作业，要尊重学生个体差异，根据学业基础水平与学生学习能力强弱，梳理设计不同层次的作业。星级挑战的评价方式，可以帮助学生选择合适的作业，达到因材施教、分层布置，评价应是科学民主、全方位、全过程的，着重强调诊断分析、及时反馈和针对性指导。评价的标准要有激励作用，能够促进提高学生的参与度与挑战性，可以让学生自评、互评、小组评、师生评，逐步完善评价过程，让学生每次都有提升，形成争优争先完成作业的良好风气。

第四章

发展型作业

第一节　实用性阅读与交流

讲述表达类作业的设计

近两年教育界提到最多的两个名词就是“双减”和“新课标”。

“双减”即有效减轻义务教育阶段学生过重作业负担和校外培训负担。对于学校教师来说，减轻学生过重作业负担就成为教育教学工作重点之一。减轻学生过重的作业负担并不是单纯地减少作业量，而是要通过优化作业设计提升学生的核心素养。

“新课标”在发展型学习任务群中明确提出了实用性阅读与交流，旨在引导学生在语文实践活动中，通过倾听、阅读、观察，获取、整合有价值的信息，根据具体交际情境和交流对象，清楚得体表达，有效传递信息，满足家庭生活、学校生活、社会生活交流沟通的需要。

在“双减”背景下，设计讲述表达类的作业，充分研究作业的设计形式，以多样化、全面性的作业内容促进学生口语表达能力的提升就显得尤为重要。

一、课堂内、外齐用心

（一）课堂内打牢基础

口语交际能力是小学生非常重要的交际能力之一。课堂上，教师要重视对口语交际能力的培养。从小学低年级开始，教师就应该注重培养学生回答问题的完整性，“我认为，这道题的答案是……”到了小学中年级，能耐心听完别人的回答再进行补充，“我觉得这道题还可以这样做……”“我对刚才的回答有补充……”到了小学高年级，能对别人的回答做出评价，根据别人的回答提出自己的想法，“刚才这位同学的回答虽然说出了一定的道理，但我觉得还有一层意思没说出来，接下来我来给大家讲一讲……”这样抓住课堂主阵地，多给学生表达的机会，并及时给予鼓励，通过潜移默化的影响，让学生在实践和操练的过程中实现口语交际能力的提升。

（二）课堂外拓展提升

讲述表达能力的训练不仅限于语文课堂，还应贯穿于学生的日常生活。在课余时间，教师要围绕主题训练内容，结合学生实际情况，巧妙设计作业形式，让学生在活动过程中激发学习兴趣、提高表达能力、增强情感体验。如在统编教材语文三年级上册第四单元口语交际“名字里的故事”这一主题教学时，就可以让学生在课前与家长交流沟通，询问自己名字的来历，讲述名字背后的故事，同时了解家人在名字中对自己的期盼。这样，学生在课堂上交流时，就会乐于分享，畅所欲言，激活思维，完善表达，进一步提升讲述表达能力。

二、能说会道巧设计

（一）复述故事有方法

复述是语文教学中的一项重要内容，贯穿于整个语文学习过程。复述有利于培养学生的语言表达能力、逻辑思维能力、想象力等。当然，在教学中，教师要注重活动情境的创设，教授复述方法，让学生在主动探究性学习过程中，培养自己的复述能力。

如统编教材语文三年级下册第八单元的语文要素是“了解故事的主要内容，复述故事”。把“复述”作为单元语文要素进行集中学习，在小学语文教材中是首次出现。为了帮助学生复述故事，《漏》这一课我们可以设计这样的练习：

(1) 借助人物关系，简单复述故事。教师请学生先说说自己印象深刻的人物，再读一读故事的第1、2自然段，圈出故事中的人物：老公公、老婆婆、小胖驴、老虎和贼。借助人物之间的关系，引导学生复述《漏》这个故事的开头。只要梳理人物之间的关系，就能轻松复述这个部分。

(2) 借助地点变化，复述故事。请学生快速浏览课文，找到故事发生的几个主要地点，找一找每个地点都发生了什么事，用简短的话说一说。

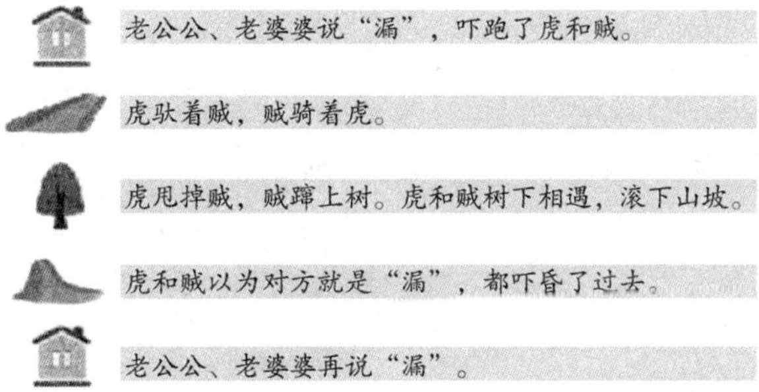

(3) 关注老虎和贼的心理变化，复述故事片段。教师要求学生根据板书的第一幅示意图和文字提示，复述这部分内容，引导学生结合老虎和贼的想法，进行复述实践。师生共同评议，标准如下。

复述要求	星级
能借助提示，复述清楚故事的大致内容。	☆
能借助提示复述故事，针对自己觉得最有意思的部分进行详细复述。	☆ ☆
能借助提示详细复述故事，讲得有声有色，吸引人。	☆ ☆ ☆

抓住人物的心理活动，不仅是复述片段的一种有效方法，也是复述整个故事的一种重要手段。所以，此处的复述实践也是为整个故事的复述做好铺垫。

（二）讲述表达创情境

在设计讲述类作业时，教师要善于创设讲述情境，适时搭建学习支架，引导学生尝试从多个视角进行讲述。

例如，统编教材语文三年级上册《富饶的西沙群岛》一课，结合课后小练笔创设情境：假如你是小导游，你会怎么给游客介绍西沙群岛的动物呢？具体步骤如下：

（1）西沙群岛有这么多动物，你最喜欢哪种动物呢？说一说理由。

（2）现在我们来竞选“西沙群岛小导游”，选择一张自己喜欢的动物图片，按照任务单进行介绍。比一比最终谁能获得荣誉称号。

任务单

（1）小组内轮流介绍自己选择的动物图片。认真倾听别人的介绍，并予以评价。“五星级”评价标准如下：

①介绍自己喜欢的动物；

②介绍时语言流畅、完整，动作自然大方；

③能把动物的特点说清楚；

④能用到课文中的优美词句；

⑤用上拟人、比喻、排比等修辞手法。

（2）小组讨论：推荐得“星”最多的同学，代表小组做集体展示。

这样，既能锻炼学生的口语表达能力，又能为小练笔做好准备。

再如，统编教材语文四年级上册《精卫填海》一课，这是一篇文言文，短小精悍，浅显易懂。为了深层次体会精卫勇敢、坚持不懈的精神，可以这样设计讲述作业练习：

（1）精卫在填海的时候，和大海会发生什么样的对话？请你发挥想象，可以借助提示填写。

大海看见了，（　　　　）地问：“你（　　　　　　）？”

精卫坚定地回答：“（　　　　　　）！”

大海咆哮着，（　　　　）地说：“（　　　　　　）？”

精卫态度很坚决：“（　　　　　　）！”

大海（　　　　）：“哈哈！”

精卫（　　　　）：“（　　　　　　），总有一天，我会把你填成平地！”

（2）用自己的话讲一讲这个故事，小组合作，小组内一人讲，两人听，给出适当补充。

（三）口语交际多运用

《义务教育语文课程标准》（2022 年版）强调“以贴近生活的话题或情境来展开口语交际活动，重视日常生活中口语交际能力的培养”。教材中的“口语交际”是训练学生讲述表达能力的重要载体。教师要运用好“口语交际”，设计创新性、实用性的交际类作业，鼓励学生敢于表达自己的所思所想，积极进行互动交流，适时从不同角度引导学生发展交际能力，提高学生语文核心素养。

例如，统编教材语文三年级下册第二单元“口语交际”的主题为“该不该实行班干部轮流制”，要求学生发言的时候先表明自己的观点，再说清楚理由。还要一边听一边思考，想想别人讲的是否有道理，尊重不同的想法。依据此情境，可以举行一次辩论会，具体可以这样设计：

（1）课前思考。出示问题：你担任过班干部吗？从一年级入学到本学期，班级里实行过班干部轮流制吗？你觉得应不应该实行班干部轮流制？写下自己的观点并思考理由，可以查资料补充。

(2) 合理分组。课堂上按照是否赞同轮流制分为正方、反方两个大组，每个大组内以六人为一小组，讨论，交流，填写记录单。注意整合信息，围绕自己的观点写清理由。

"言之有理"小组交流记录单

观点：__________（填"赞同"或"反对"）实行班干部轮流制

理由：____

____

____

(3) 选拔队员。要求辩论赛队员理由充分、表达清晰、反应灵敏。选出人员合理分工，磨合练习。其他同学继续思考，做好补充的准备。

(4) 正式比赛。正反双方按照顺序进行开篇陈词，攻辩，小结，自由辩论和总结陈词。

(5) 评价颁奖。邀请各科老师作为评委，公平公正地评选。根据最终投票情况确定冠军，举行颁奖仪式。

再如，统编教材语文四年级上册第八单元的"口语交际"主题为"讲历史人物故事"，要求借助卡片提示的重要信息，讲自己最喜欢的历史人物故事。使用恰当的语气和肢体语言，让讲述更生动。教师可以围绕教学目标，创设情境，开展一次"故事会"。

(1) 做好准备。阅读历史人物故事，筛选自己最喜欢的历史人物故事。引导学生制作历史人物名片。名片正面绘制人物图片，背面以表格形式呈现姓名、朝代、故事简介等内容。

(2) 初次尝试。小组内借助历史人物名片讲述故事，推选一名学生录制讲故事视频。

(3) 梳理方法。播放学生讲故事视频，交流评价。教师适时引导学生梳理讲故事的方法。

（4）开始比赛。引导学生制定“故事大王”评价标准。每组推选一人进行展示。

“故事大王”评价标准：

①讲述清楚、完整，表达流畅；

②语气、语速得当；

③动作、表情自然；

④恰当使用卡片；

⑤能做必要的补充说明。

（5）依据标准最终评选出“故事大王”，颁发奖杯。

三、评价创新多元化

学生在讲述表达的过程中，评价是必不可少的环节。评价的目的是使学生的语言表达能力、逻辑思维能力以及想象力得到更好的锻炼与提升。可以从以下几个角度进行评价，从而构成一个完整的多元化评价体系。

（一）评价内容有针对性

学生在讲述表达完后，教师要适时评价，这样可以激励学生，起到正强化的作用。教师的评价一定要具体、有针对性，例如讲述声音的大小、语速的快慢、语调的起伏、动作的添加等。同时，对讲述者的表达有表扬，也有批评。表扬讲述非常精彩的部分，指出哪里做得好；也要进行指导式评价，指出表达不合理、用词不严谨的地方。

（二）评价主体要多样性

在对学生的讲述进行评价时，主体不仅是常规的教师，还有同学及家长。教师评价要充分考虑学生的差异性，用不同的标准评价不同的学生。学生是课堂的主人，学生互相评价也非常重要，不仅能审视自己讲述过程中的不足，更能学会欣赏别人，从别人身上汲取优点。家长也是评价中的一环，家长的参与能促进学生表达能力的提升，真正实现家校共育。

（三）评价形式有创新性

评价形式还要有创新性。过程性评价与发展性评价相结合，既要有评价的标准，也要灵活多样，对不同程度的学生按照实际情况评价。例如，在评价时用“星级评价”代替“分数评价”；用拍照发群里表扬的方式，让学生父母一起更真实地感受、分享喜悦；让学生自己参与设计评价方式、评价标准和评价称号等。

观察记录类作业的设计

《义务教育语文课程标准》（2022 年版）指出：“发展型学习任务群旨在引导学生在语文实践活动中，通过倾听、阅读、观察，获取、整合有价值的信息，根据具体交际情境和交流对象，清楚得体地表达，有效地传递信息，满足家庭生活、学校生活、社会生活交流沟通的需要。”可见，观察作为一种语文实践活动，在学生的语文学习中发挥着至关重要的作用。

观察指的是有目的、有计划的知觉过程，是人对现实生活获得感性认识的主动积极的活动形式。观察能力是智力的重要组成部分，它能促进学生的全面发展，是提高语文能力的必要条件。所以，有目的、有计划地设计观察类的作业，对学生的学习和发展大有裨益。

一、观察类作业的意义

（一）培养观察习惯，提高认识能力

《义务教育语文课程标准》（2022 年版）指出：“要指导学生留心观察和分析周围的事物，养成观察和思考的习惯。”心理学研究也表明，不善于观察的学生，往往孤陋寡闻，没有自己独特的发现与思考。

对于小学生而言，离开了观察能力，其他的认识能力就无从谈起。有的学生生活常识相当欠缺，口语、文字表达能力不高，一个主要的原因就在于缺乏观察事物的能力，给语文的学习带来了很大的困难。所以，有意识地引导学生观察，培养学生细心观察的习惯，让学生在作业的引领下，积极地融入生活，观察、体验、探究与实践，就显得尤为迫切。

（二）注重观察输入，积累表达素材

在《义务教育语文课程标准》（2022 年版）第一学段（一～二年级）的内容中，就有乐于分享学校生活中的见闻和感受的描述；第二学段（三～四年级）的内容中要求学习运用日记、观察手记等方式，展示自己观察自然、探索科学世界的收获；第三学段（五～六年级）的内容中要求学习通过口头表述和多种形式的书面表达，分享观察自然，探索科学世界的所见所闻、所思所感。观察对于写作和表达的重要性显而易见。对于一朵花、一棵草、一片草地、一只蜗牛，只要用心地去观察，都能够有所发现，有所感触。所以，观察是吸收，是输入；表达写作是输出，是创造。教师如果有意识地引导学生从小就学习观察，教给学生正确的观察方法，学生爱观察、会观察，有了厚实的积累，那么写作也就会水到渠成。

（三）提供观察机会，提升观察能力

观察类作业属于实践类作业，其主要目的是为学生提供获取直接经验和情感经验的机会，促进学生知、情、意、行的有机统一，在发展学生实践能力的同时，还能完善学生的科学态度、创新精神等品格。所以，有目的地设计观察类作业，不仅可以激发学生的观察兴趣，培养学生实事求是的科学态度，提高学生观察能力，还可以帮助学生建立知识与生活应用的联系。

二、观察类作业的设计

语文教材及人们身处的自然、社会、人文等多种环境都蕴藏着丰富的语文课程资源，可以作为观察作业的载体进行开发并运用。

（一）结合课文内容，设计观察类作业

统编教材语文三年级上册第五单元是以“观察”为主题的单元，安排了《搭船的鸟》和《金色的草地》两篇精读课文，旨在让学生通过阅读增强留心

观察的意识，体会细致观察的好处，学习作者是怎样细致观察、抓住事物的变化特点并描写清楚的。教师可以结合文本内容，设计观察类作业。

1. 聚焦课后习题，优化作业设计

在教学《搭船的鸟》一课时，教师可以围绕课后习题第二题，来设计学生课堂过程中的练习作业。

课后练习 2：读下面这段话，注意加点的词语，想想翠鸟捕鱼的情景。

我正想着，它一下子冲进水里，不见了。可是，没一会儿，它飞起来了，红色的长嘴衔着一条小鱼。它站在船头，一口把小鱼吞了下去。

设计这道练习题，目的是让学生抓住关键动词的变化来想象画面，体会作者是怎样留心观察周围事物的。那么，教师就可以这样来设计作业，让学生循序渐进地学习观察的方法。

（1）圈一圈翠鸟动作的词语。

（2）画出翠鸟捕鱼动作流程图。

冲→飞→衔→站→吞

（3）看着流程图，讲解翠鸟捕鱼的过程。

（4）课下观察大象或小狗吃东西的样子，抓住动作变化来仿写课文第 4 自然段。（以大象吃东西为例）

①先观察，并画出动物动作的流程图。

②再次观察，规范动作流程图。

大象的样子：又高又壮→鼻子→耳朵→身子→腿

大象的动作：伸→吸→卷→踩→放→嚼

（5）试着把看到的情景，用上这些动词，写一段话吧。

这样的观察作业训练，就为本单元的习作积累了丰富的素材，为写好观察日记奠定了基础。

在《金色的草地》一文中，我们会发现作者观察的是在一定的周期内变化着的事物，这个时候就需要借助学习过程和作业设计，让学生有意识地进行连续观察，可以设计这样的观察类作业：

（1）用多种感官观察一种动物、一种植物或一处场景，完成观察记录单。

观察记录单

观察者		观察地点	
观察对象			
观察发现 1			
观察发现 2			
观察发现 3			

（2）同学们只要稍加留意，就会发现事物是变化着的。请长时间观察同一种动物、同一种植物或同一处场景，会发现它们有不同的变化。请利用一天或者一周，甚至更长的时间观察一种事物，完成观察记录单。

观察记录单

观察地点		观察者	
观察时间	观察发现 1	观察发现 2	观察发现 3

围绕一种动物、一种植物或一处场景细致观察，把自己的发现罗列出来，这是对习作素材的积累。这两个作业的设计，重在对“细致观察”和“长时间连续观察”的实践运用。

2. 结合习作例文，拓展作业形式

在学习习作例文《我爱故乡的杨梅》一文后，可以体会到观察时不仅用眼睛看，用耳朵听，还可以用手触摸，用鼻子闻，用嘴巴尝一尝。所以，教师可以设计这样的观察类作业。

（1）认真读例文，填写下面的表格，发现观察的秘密。

杨梅	特点	参与的感官
外形		
颜色		
味道		用嘴巴尝

我的发现：观察不仅要用眼睛看，还要________。

（2）观察一种自己喜欢的水果，制作一张水果名片。

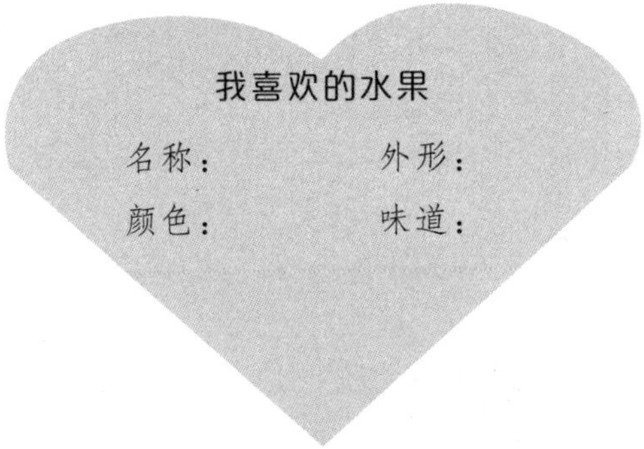

（3）根据自己制作的水果名片，和小组成员互相介绍自己喜欢的水果。

（4）寻找“最美水果代言人”。请大家根据自己记录的观察记录卡，积极为自己喜欢的水果代言，写一段代言词。

（5）评选“最美水果代言人”。

这样设计的目的，是引导学生在观察时要多种感官参与，潜移默化地渗透观察方法的学习，同时也为学生写好习作打牢基础。

（二）结合实践活动，设计观察类作业

实践活动是语文综合性学习的主要途径之一，语文综合性学习在每一册教材上都有具体的内容与要求。结合综合实践活动让学生进行观察，可以更容易捕捉动态情景，使学生产生真实、细腻的感受。

统编教材语文三年级下册第一单元的主题是“可爱的生灵”，语文要素之一是“试着把观察到的事物写清楚”，习作主题是“我的植物朋友”。针对这一

单元，教师可以通过观察类的综合实践活动，进一步优化本单元的观察作业设计。以走近“我的植物朋友”综合实践活动为例，教师可以通过小任务群的方式，来设计课前和课中的作业。

任务一：交友知友

（1）选择自己身边的植物留心观察，可以简单记录自己每天的观察所得。

（2）为自己的植物朋友做一张记录卡。（记清楚植物的名称、样子、颜色、气味等，还可以为自己的植物朋友配图）

（3）查找记录所观察植物的相关资料。

（4）根据所查资料完善自己的记录卡。

任务二：小小解说员

（1）分小组交流观察所得，借助植物记录卡，介绍自己的植物朋友。

（2）展示观察记录卡，互相评议之后，再修改自己的记录卡。

（3）推荐最佳观察记录员，展示讲解自己的观察所得。

评议标准	星级
1. 态度认真，能自主完成任务。	☆
2. 能从多方面记录展示自己的植物朋友。	☆ ☆
3. 能用准确、生动的语言记录植物特点；记录卡制作实用、美观。	☆ ☆ ☆

（三）结合自然变化，设计观察类作业

1. 结合季节时令，创造观察时机

统编教材语文四年级上册第三单元的人文主题是“处处留心皆学问”，语文要素之一是“进行连续观察，学写观察日记”。既然是处处留心，就得时时处处保持观察的意识。结合季节时令观察，利于就地取材，也方便同学之间交流探讨。比如，在桂花盛开的季节，校园秋意正浓，是观察的好时机。教师就可以让同学们经常到学校的小花园转一转、看一看，开展“小小观察员”行动。

任务一：发现观察密码

《爬山虎的脚》《蟋蟀的住宅》两篇课文处处可见作家的细心观察，对于爬山虎是怎样爬的，蟋蟀的住宅有什么特点都进行了细致描写。课文中哪些内容给你留下了深刻的印象？请深入阅读相关内容，提取关键信息，写写自己的发现，设计一个思维导图。

任务二：记录自己的发现

叶圣陶先生对爬山虎情有独钟，法布尔热衷于观察和记录自然环境中的昆虫，你对学校花园里的哪一种动植物最感兴趣，是香气四溢的桂花，是挂满枝头的木瓜，还是忙着觅食的蚂蚁、慢吞吞的小蜗牛……让我们用自己喜欢的方式，把观察收获记录下来吧。

(1) 你打算观察哪种动植物，提前做一个观察计划吧。

(2) 选定观察对象后，你打算用什么样的方式记录自己的观察收获呢？

（提示：图文结合、做表格、设计思维导图、拍照记录、备忘录……）

(3) 在观察过程中，可以将困惑或疑问记录下来，和同学、老师交流。

任务三：学写观察日记

通过一段时间的连续观察和记录，你一定有了很多的发现。通过整理，请你用观察日记的方式把自己的观察收获写下来吧。（主要记录观察对象的变化，可以写观察的过程，当时的想法和心情，如果能附上图画和照片就更好了）

2. 关注天气变化，捕捉精彩瞬间

对于雷雨、大雾、晚霞或大雪等情景，教师可及时设计观察练习作业，有意识地引导学生观察。这样不仅可以提高学生的生活感受力，还可以为习作积累丰富的素材。例如，在学习统编教材语文三年级下册《火烧云》一课时，作者紧紧抓住“颜色变化多”和“形状变化快”的特点写出了云霞之美。课后，教师就可以设计观察天气类的实践作业，及时巩固学过的写作方法。

（四）抓住偶遇时机，设计观察类作业

许多观察的机会可遇而不可求，比如，家里新买了一只小乌龟；夏日酷暑

难耐时突然断电了；教室里飞进来一只小鸟；班里新来了一位新同学；教室里的兰花开了；往日喧闹的街道一夜之间变冷清了……教师要有意识地引导学生抓住转瞬即逝的机会，及时、灵活地设计观察类作业，和学生一起观察，一起讨论，一起分享观察所得。

三、设计观察类作业的建议

（一）注重循序渐进，把握层次难度

刚开始让学生观察时，要选择目标明确的小范围的内容，如一棵树、一朵花等。随着学生观察能力的增强，就可以逐渐扩大观察的范围，观察对象也应该从静态走向动态，比如观察小动物，刚开始可以只要求观察它的外形，慢慢地再增加难度，观察它的活动，即如何吃东西、如何睡觉、如何玩耍等。

（二）指导观察方法，提高观察品质

指导学生按照一定顺序有条理地观察，比如，从部分到整体、从整体到部分、自上而下、由近及远、先外后内、从左到右等，都可以作为一种观察顺序训练，从而使表达有条理、有层次。还要培养学生多感官参与观察，有利于更精准地抓住事物的特点，找出区别于其他事物的特征，提高准确感知观察对象的能力。

（三）把握能力差异，丰富观察形式

加德纳的多元智能理论认为，“每位学生的智力都各具特点，并有自己独特的表现形式，有自己的学习类型和学习方法。”因为，每位学生都是独一无二的个体，为了培养学习的积极性，教师可以根据学生的相应程度设计具有层次的可供选择的观察作业，确保每位学生都能有自己独特的观察体验。

信息整合类作业的设计

《义务教育语文课程标准》（2022 年版）按照内容整合程度，设置了三个学习任务群，其中，实践性阅读与交流是以实用性文本为主要内容的阅读，来发展学生的语言素养。信息整合是实践性阅读的一个重要方面，通过信息整合发挥文本作用，让阅读更有质量，让思想更有深度。

一、统整教材，因时制宜

（一）钻研教材，挖掘信息

《义务教育语文课程标准》（2022 年版）指出，在语文实践活动中，通过倾听、观察，获取、整合有价值的信息，根据具体的交际情境，有效传递信息，满足家庭生活、社会生活交流沟通的需要。信息整合类作业设计，是为了落实新课标，促进学生有目的地阅读、深入阅读的有效途径之一，具有重要的应用价值。

信息整合贯穿了整个小学阶段中高年级教材。从三年级下册开始，教材中提出了收集资料的阅读要求，比如，第三单元收集传统节日的资料，整理收集的资料展示活动成果；第七单元开始初步学习整合信息，介绍一种事物。每一册都编排了信息整合的相关内容，分散到单元内容中，有的体现在语文要素里，有的体现在口语交际内，有的体现在习作上，还有的体现在课后的习题中，编排从易到难、螺旋式上升。教师要根据这些内容在教材中的位置、主题及作用，设计不同类型的作业。

（二）遵循规律，整合信息

统编教材语文三年级下册开始搜集整理资料，遵循阅读发展规律，三年级学生已经有了初步的阅读能力、人际交往能力，可以通过访问长辈、看日历等方式有针对性地收集资料，比如整理有关节日、小动物等相关资料。到了高年级，学生综合能力又有了一定的提升，阅读需求也相应提高了，可以通过网络搜索、查找资料等方式搜集整合资料，丰富对课文的认识。所以，对于不同年级的学生，信息整合作业设计也应有所不同。

二、信息整合，各有特色

（一）收集信息，让活动有趣味

义务教育语文课程是以生活为基础，以语文实践活动为主线的课程。综合性实践活动和学生的生活密切相关，在课余时间，就可以和小伙伴们通过不同渠道，采用多种方式收集、整理资料，展示学习成果，使学生的知识得到巩固，能力得到提高。统编语文教材中，三至六年级各安排了一次综合性学习活动，四次学习活动都指向信息的获取与整理。

如统编教材语文三年级下册第三单元的综合性学习活动，主要围绕生活中的传统节日展开，我们就可以这样设计作业形式，并以任务群的方式来呈现作业过程。

任务一：传统节日知多少

同学们，你最喜欢哪个传统节日呢？这个节日有什么样的节日习俗或者什么样的节日情景呢？本周让我们“争当传统节日习俗优秀收集员”，请你用表格或用自己喜欢的形式制作一份中华传统节日习俗收集表。

中华传统节日习俗收集表

传统节日	节日习俗或节日情景

任务二：我的节日最精彩

同学们，你的节日是如何度过呢？四人小组合作，分别从“诵唱古诗里的节日、讲节日里的故事、聊节日里的美食、做节日里的趣事”四个方面来展示你们的研究成果，你可以邀请爸爸、妈妈和你一起唱一唱，做一做，聊一聊，收集、整理和探究，期待你们的精彩展示。

任务三：让节日在笔尖流淌

相同的节日，不同的精彩。每家每户都有自己的过节方式，同学们，让我们用笔记录生活，让节日的故事在笔尖流淌。

再如，统编教材语文五年级下册第三单元的综合性学习活动，围绕“汉字真有趣”展开，可以设计以下作业：

同学们，我们知道汉字是中华文化的瑰宝，它不仅神奇、有趣，还有着悠久的历史，蕴含着丰富的文化。只要主动地了解，积极地搜集资料，你就会对汉字有更多的认识，并深深地爱上汉字。

任务一：讨论搜集资料的途径和方法

搜集资料		
查找图书	网络搜索	请教别人
按类别	关键词	谁有（谁了解）

任务二：趣味汉字大搜索

第一关：搜集计划大盘点

你最想搜集什么？汉字古诗、汉字故事、汉字笑话、字谜、对联……你打算和谁一起搜集？你的计划是什么？分小组合作，一周内完成自己的搜集计划。

活动主题	
活动内容	
小组成员	
活动分工	
活动方式	

续表

活动准备	
活动过程	
成果展示方式	

第二关：趣味汉字大擂台

完成了趣味汉字大搜索，你打算以怎样的方式展示呢？写下你的展示计划。

（二）整理信息，让习作更精彩

在统编语文教材中，搜集整理信息在习作中多次呈现，比如，三年级下册第七单元习作“国宝大熊猫”，就提到了查找资料的要求；五年级上册第五单元习作“介绍一种事物”中要求，搜集相关资料，把一种事物介绍清楚；五年级下册第七单元习作“中国的世界文化遗产”中要求，查阅、整理资料，介绍一处中国的世界文化遗产。可见，搜集整理资料是习作很重要的抓手之一，它对促进学生有目的地广泛阅读，以读促写起着举足轻重的作用。

如统编教材语文五年级下册第七单元习作中要求搜集资料，介绍一处中国的世界文化遗产，可以设计这样的活动类作业：

任务一：资料甄选

同学们，全球每年都要召开世界遗产大会，2022 年在中国召开这场年度盛会。让我们分小组分工合作，进行资料搜集和整理，为世界遗产发布会做准备。

资料搜集整理单

“世界遗产”资料搜集整理单	________小组
交流内容选择	历史背景□地理位置□景观特点□基本现状□相关故事□
资料搜集途径	借阅书籍→上网浏览→广泛搜集→资料记录→分类整理→补充完善
活动任务设计	
组员分工安排	
资料呈现形式	

任务二：宣传发布

综合前期的学习成果，让我们通过分享美文、发放邀请函、绘制海报等多种形式、多种途径对一处世界文化遗产进行信息宣传，发布活动。

游览邀请函

向世界友人介绍中国文化遗产，并发出游览邀请函。

宣传稿撰写

组织材料介绍中国的一处文化遗产，可以运用图片、表格等多种形式。

美文分享会

将收集到的描写景点的美文在班级群进行分享、交流学习。

争当宣讲员

先在小组群内宣讲，然后选出代表在班级展示。

（三）整合信息，让阅读有目的

统编教材语文五年级下册第七单元和六年级上册都出现了非连续性文本，非连续性文本为说明的事物提供了丰富的信息，便于读者高效、全面地了解事物。面对丰富的信息，有针对性地展开“有目的地阅读”活动，就要从组合材料中找出有价值的信息，或者再搜集材料，对材料中有价值的信息进行组合。

如，统编教材语文六年级上册第三单元《故宫博物院》一课，以第一个学习任务“画一张故宫参观路线图”为例，可以设计这样的信息整合类作业：

活动一：甄选材料

同学们，周末你要带家人参观故宫博物院，做到有计划地参观，就需要设计参观路线图，你选择哪些材料呢？并说明理由。

活动二：把握布局

边阅读材料一，边给材料四示意图中对应的建筑物涂上颜色，根据相应材料，梳理出材料的介绍顺序。

活动三：绘制路线图

根据材料三故宫博物院网站中的“导览”，你提取了哪些关键信息呢？按照方位顺序由南往北设计参观路线，可以用红笔标示行进路线和重点参观景点。

活动四：评选最佳路线

小组内商议制定评选规则，评选出最佳路线在全班交流展示，作出设计说明。

绘制一张故宫参观路线图　　　　________小组	
活动	**内容**
甄选材料	
把握布局	
绘制路线图	
评选最佳路线	

以《故宫博物院》一课中第二个学习任务“选择一两个景点，游故宫的时候为家人讲解”为例，可以设计这样的信息整合类作业：

任务：做金牌小导游　　　　________小组

第一步：选择课文中的材料，抓住重点景点整理材料。

第二步：观看《故宫100》纪录片，了解故宫的知识。

第三步：运用学过的搜集资料的方法，搜集关于一两个景点更多的材料。

第四步：综合运用以上材料，可以选择给家人做讲解，写一篇解说词；也可以选择给外国游客当导游，写一篇解说词。

第五步：评选金牌小导游。

（四）借助资料，让体会更深刻

有些课文内容不容易理解，有些故事发生的年代距离我们较远，这就需要学生课前查找资料，了解相关知识或者课文的写作背景，结合资料，更深入地理解课文内容，体会课文表达的思想感情。

如统编教材语文五年级上册第四单元的四篇课文，所涉及的年代、人物、事件各不相同，需要查找资料，了解各自不同时代的背景，就可以这样设计作业：

（1）小组查找资料完成表格

课文		年代	时代背景
《古诗三首》	《示儿》		
	《题临安邸》		
	《已亥杂诗》		
《少年中国说》			
《圆明园的毁灭》			
《小岛》			

（2）做《少年中国说》资料袋

《少年中国说》的“今日”可不是我们现在所处的“今天”，梁启超是1900年写的《少年中国说》，“今日”就是指1900年前后，当时的中国是什么样的呢？请查找资料，自己设计一个资料袋吧。

资料袋

（3）开展班级故事会

在我国广阔的海岸线上，有许多这样的海岛，岛上驻扎着官兵，你知道有多少这样的海岛？守岛部队的生活是怎样的呢？快和小组成员分工，查找资料，在班级开个故事会，题目就叫“守岛部队的故事”。

守岛部队的那些事儿	________小组
交流内容	□小岛的地理位置□重要作用□小岛的生活□环境□故事
资料搜集途径	借阅书籍→上网浏览→广泛搜集→资料记录→补充完善
组员分工安排	
活动任务设计	

统编教材语文课后习题是围绕语文要素教学目标设计的，比如五年级下册《青山处处埋忠骨》的课后习题：“历史上有无数为国捐躯的英雄儿女，查找资料，结合这些人物的故事，说说你对‘青山处处埋忠骨，何须马革裹尸还’的理解。”针对这样的课后题，可以设计这样的作业：

(1) 查阅资料，了解抗美援朝战争。（如，观看影片《长津湖》《水门桥》《上甘岭》等）

(2) 在抗美援朝中，无数英雄儿女为了保家卫国不怕牺牲、浴血奋战，查找资料，选择一位你印象最深的战士，完成英雄人物卡。

姓名：________

年龄：________

英雄故事

____

____

____

人物图片

（可粘贴）

三、优化设计，提升质量

（一）作业形式要多样化

信息整合作业，在统编语文教材中使用广泛，每一次安排目的都是不同的，有的是为了实践活动的开展，作业设计应该具有开放性、操作性，让学生真正动起来；有的是为了习作的需要，作业设计应该具有指向性，让学生有目的地搜集整合资料。

（二）合理安排作业时间

信息整合作业，有的需要课前完成，比如搜集资料了解写作背景，需要课前搜集整理；有的需要在课堂上完成，比如对《习作：一处中国的世界文化遗产》的资料整理，需要在课堂上分类、修改；有的是课后整理，比如《小岛》课后拓展，举行守岛部队故事会，就需要学生课后完成，给足学生准备时间。

（三）关注学生个体差异

信息整合作业设计要体现难易不同的特点，针对学生在学习的过程中体现出来的个体差异性，教师可根据不同学生的具体情况，选择相应的作业。对学有余力的学生，要引导他们向更高层次的作业任务发起挑战；而对于心有余而力不足的学生，则可以适当放宽要求，尽可能地鼓励他们完成自身能力范围内的作业。

小学低年级生活应用类作业的设计

语文教学主要在于培养学生的语文实践能力，让学生学习并运用语言。对于语文学科来说，作业是有效的语文生活化的载体，生活应用类作业是指导学生将语文形式应用于现实生活的一个重要分支。它通过新奇多变的形式，贴近现实生活的作业设计，打开作业视野，深化作业内涵，让学生在作业实践中体验生活，收获成功的喜悦。

一、梳理脉络，精备学情

（一）遵照学段要求

小学阶段生活应用文类型主要有八种。低年级段主要包括“留言条、请假条、通知、日记”等类型，高年级段主要有“书信、启事、读后感、感谢信”等类型，由浅入深地分布于各个学段，在各单元间、各学段间呈螺旋上升式的关系。教师在备课时，注重各应用文体裁之间的纵深变化，相互联系，与学生生活实际相结合，确立各学段应用文需要达到的目标，才能更准确、有效地设计特色作业。

（二）体现学生主体

“从学中做，从做中学。”生活应用文本身是为满足人们的需要而存在，在人们的实践中生成和发展的。在低年级作业的指导过程中，教师要联系学生的现实情况创设情境，围绕学生的学习过程开展指导，根据学生的完成情况多次反馈、不断修正。既让学生融入社会大环境参与创作，建立社会主人公的参与度和自豪感，又让学生在实践中不断增长知识，提升能力。

二、多样情境，优化练习

生活应用文的重要特点就是和生活紧密相关，可以运用于生活。对小学低年级学生来说，形式多样能够激发其兴趣，因此，情境创设对开展练习格外重要。

（一）联系生活实际，学写留言条

留言条是统编教材语文二年级上册第四单元出现的比较简短的生活应用类文体。留言条较为随性，一般应用于“生活中需要通知或托付对方却只能用字条的方式转达”的情况。设计作业时，可以借助学生所熟知的事物或自身生活经验创设情境，帮助学生解决现实生活中存在的问题，激发学生练习的欲望。

留言条：

1. 11月18日，小希的爷爷提前做好了饭菜，准备出门钓鱼。他想告诉中午才能回家的小希不用等他，吃了饭自己去上学。请你帮小希的爷爷写一张留言条吧。

留言条

小希：

____

____

____

爷爷

____

2. 小月和同学约定下午1点去公园放风筝，当她准备出门的时候，发现爸爸、妈妈都不在家。你能帮小月写张留言条，对爸爸、妈妈说明情况吗？

留言条

3. 11月5日，小丽因为有事不能参加课后延时活动，她想告诉邻班的小美不用等她一起回家了，却没有找到小美。请你帮她写一张留言条吧。

留言条

（二）创设真实情境，学写“通知”

统编教材语文二年级下册第二单元安排了“通知”应用类文体。“通知”是比较简短的生活应用类文体，一般指“告知特定对象一些信息或者需要特定对象完成某事务”的正式公文，在小学生的生活情境中，多以学校通知为主。因此，课下作业设计要贴合学生的生活，练习要循序渐进。比如：

1. 请你代李老师通知三年级（1）班所有同学，周二早上8点前，在各自社区完成社区服务报名。（找出对应信息填写在以下横线上）

通知：

时间：________________ 地点：________________

事件：________________ 参加人：______________

通知人：______________ 被通知人：____________

2. 请你代少先队大队部写一则通知，告知各班荣获“书香少年”称号的同学，于下周一（10月16日）早上7：40在校操场主席台南侧集合。

通 知

________（被通知人）

____

____

____

通知人：__________

日期：__________

3. 光明小学计划10月13日上午，利用大课间时间举行防灾演练活动，需要通知所有班级准时参加。

通 知

（三）用好课内外教材，训练“写日记”

在课堂教学中，教师要拓展学生活动时空，设计语文生活化作业。这在统编教材语文三年级上册第二单元的习作“写日记”中有明确的要求。同时在三年级上册《教师教学用书》中明确提出“有条件的班级，可以组织开展写班级循环日记的活动，使日记成为同学们交流、展示的平台”。基于以上前提，教师可以把日记分为“生活日记、主题日记、循环日记”，分类进行指导。

1. 紧扣绘本，引入生活日记

“习作：我会写日记”是规范日记格式的第一堂课。《蚯蚓的日记》是学生所熟知的，让学生课下阅读绘本《蚯蚓的日记》，了解日记的格式，说一说：“日记可以写什么内容？写日记有什么好处？”之后，再让学生依据自己独特的经历写一篇日记。教师可以这样设计：

> 请同学们依据自己的生活经历，写一篇日记。可以是生活趣事、兴趣爱好、参加的活动、难忘的旅行、学习的新知识，发现的小秘密……注意一定要写自己最有感受的内容。

在学生完成习作之前，教师还可以把习作的评价标准发给学生，指导学生创作，帮助学生修改。

2. 围绕节日活动，开展主题日记

一是，围绕重大节日设计作业。3 月 12 日植树节，学习植树步骤，准备工具，在院子里种下一棵小树苗；4 月 5 日清明节，学校举行祭奠英烈活动；农历八月十五中秋节，开展“做月饼”手工课……这些都可以作为主题日记的内容。

二是，围绕学校活动设计作业。校园吉尼斯比赛的开展，校园达标运动会的举行，一场特殊的班队课……只要是有特色的、能够引起学生共鸣的活动，都可以设计成主题日记进行习作并展评。对于这样的日记，建议学生图文并茂地绘写日记，一面写文，一面画图，相得益彰。

3. 选拔“创编小作家”，练写循环日记

如果说“生活日记”是个人所有，“主题日记”是师生共有，那么“循环日记”就是班级所特有。统编教材语文三年级上册第二单元的习作是“写日记”，第三单元的习作内容是“我来编童话”，教师可以将“编童话”与“写日记”相结合，组织班级内部进行循环日记的创作。

循环日记分为“小组循环日记”“班级循环日记”。“小组循环日记”，是由小组成员共同商定故事的主题、脉络、背景以及主要人物，并接续创作的长篇“童话故事”。“班级循环日记”，是在班级里进行的大循环，每天一位同学，用化名的方式记录班级里发生的“新鲜事儿”。

三、规范格式，多元评价

（一）作业格式规范化

生活应用文有两个特点，一是拥有规范的格式，二是和社会生活紧密相关。因此，让学生从生活中发现并观察是一条重要的学习渠道。小学低年级的应用文教学，学生在发现、模仿和运用过程中，是否能够准确地掌握格式，是否能够体现文体的作用和内涵，反馈修正的结果是否有效，这是检验作业质量的标准。

由于小学低年级学生学习的是篇幅较小、易于操作的应用文格式，因此教师在反馈时不妨将具体的评价标准条目化，分为格式标准和主题标准，根据评价标准对照修改，能起到更好的教学效果。

（二）完成时间合理化

根据不同学段特点，以及应用文的不同体例，作业的完成时间也应有所区别。如“通知”“留言条”，是二年级的学习内容，其文体特点为：涵盖内容少、比较简短，因此，给予 10 分钟以内的时间即可。“日记和启事”篇幅适中，内容来自学生自己的生活，因此，30分钟左右比较适中。目前，在开展大单元学习、主题性学习的背景下，“书信、感谢信、读后感”可以放在主题性学习之后，以一个主题学习的时长为计划来完成。

（三）评价方式多样化

评价是激励学生的重要手段。对于自控力弱、自信心不强的小学低年级学生，尤其要注重评价方式的多样化。

最基础的评价结构是“自评、同桌评、小组评、老师评”等。在评价的形式上，根据应用文的体裁特点，一般可采用“星级评价、流动评价、展示评价”等方式。“星级评价”就是根据格式与内容的要求划分为5个项目进行评价，达到几项就评几颗星。小组内部进行的评价、小组之间相互评价都属于“流动评价”。“展示评价”就是通过展览的方式进行评价，如在班级内设置“最美的你”信封，让学生书写“表扬稿”进行投递，开展匿名投票。在进行“主题日记”时，可以利用板报展览的方式号召学生留言评价等。

生活应用类的作业，有赖于教师的细心指导，使学生“取材于”生活，又“用之于”生活。

小学中高年级生活应用类作业的设计

《义务教育语文课程标准》（2022 年版）将“实用性阅读与交流”划分到发展型学习任务群中，旨在引导学生在语文实践活动中，通过倾听、阅读、观察，获取、整合有价值的信息，根据具体交际情境和交流对象，清楚得体地表达，有效传递信息，满足家庭生活、学校生活、社会生活交流沟通的需要。生活应用类作业设计重点就是要创设真实的语文应用情境，引导学生将语文学习和现实生活完美对接，以丰富多彩、灵活多样的作业设计激发学生学语文、用语文的兴趣，全面提升学生的核心素养。

一、让学生站在课堂中央

（一）学生是学习的主人

学生是课堂的主人。每一个学生都是独一无二的生命个体，是主动的发现者、探索者，具有自主性、能动性、创造性和独特性。最大限度地发挥学生的主体作用，是教育教学取得成功的根本保证。

古语有言：“知之者不如好知者，好知者不如乐之者。”教师要充分挖掘教材中的趣味因素，创设学生易接受的生动有趣的学习情境，设计真实有趣的作业，激发他们的学习兴趣和学习动机，让学生在玩中学，在乐中学，主动地学，以达到事半功倍的效果。

叶圣陶先生曾说：“教师教各种学科，其最终的目的在达到不复需教，而学生能自为研索，自求解决。”课堂活动和作业设计，要注重发挥学生的主体性，培养学生的学习能力，使学习过程真正成为学生不断提升、发展和完善的过程。

（二）一切以学生为中心

核心素养是学生通过课程学习逐步形成的正确价值观、必备品格和关键能力，在不违背知识内在规律和学生认知规律的基础上，进一步改变学习方式和教学模式，一切以学生为中心，落实核心素养培育目标。

教师在备课中一定要充分考虑到全体学生，以尊重和理解每一位学生为出发点设计教学，改变碎片化的教学模式。要让学生先把握事物的整体构架，再进行部分的学习。要设计情境化教学，帮助学生把知识、方法转化成素养，让学习真实发生。要时刻有“问题导向”意识，以终为始，通过解决问题不断深化学习，在不断发现新问题中解决问题，又在解决问题中发现新问题。要把学习与现实生活进行联结，使系统化的知识生活化，运用于实践中。

在小学中高年级出现的生活应用文体，诸如日记、短信息、启事、书信、读后感、科技说明文，多媒介记录方式、故事等，都指向生活中的现实需要，我们要以学生乐学、会用为出发点，结合文体特点，设计优质高效的作业。

二、让学生站在生活中央

（一）学写信息、启事，让沟通更便捷

1. 随着科技水平的提高，手机上微信的普及应用，人们之间的联络更加快捷。比如，在春节、元宵节、重阳节、元旦等传统节日，人们的祝福就可以通过微信“秒”送达传递温暖。为了让学生学会这种便捷的沟通方式，更好地与师生亲人朋友进行情感交流，以教师节为例，教师可以设置这样的活动：

（1）最是一年爱满怀，师恩难忘记心间。同学们，×年的中秋节恰逢教师节，请同学们编辑一份最真挚的短信息，发给你的幼儿园或小学老师，和老师一起过一个温馨的节日，给老师送去快乐和祝福。

（2）结合老师性格和教学特点，饱含真情地编写短信息，当堂练习，在三人小组内交流。

（3）全班交流，共话优质短信息，总结特点。

预设：根据老师特点；改编成诗句；祝福情真意切等，如表格示例。

发送对象	老师特点	短信息内容
语文老师	爱读书　女老师	双节同贺多欢喜，月饼配上书香气。祝福……
体育老师	“孩子王”　男老师	月饼与快乐齐飞，帅气和团圆一色。祝愿……
……	……	

2.“学写寻物启事”是统编教材语文三年级下册第七单元语文园地“词句段运用”第二部分的内容。寻物启事一般包括标题、正文、署名和日期四部分，写作难度不大，在生活中经常用到。融情入文的启事能够给人留下深刻印象。教师可以设置这样的情境作业：

（1）创设情境：（寻狗小视频）同学们，这是我在昨天下班时拍的一段视频，中心小区的王奶奶，她正在四处寻找她的宠物狗，这只宠物狗和她每天相伴，中午去买菜时却怎么也找不到了。瞧，王奶奶多着急啊，找得满头是汗。我们能帮帮她，替她写个寻物启事吗？

提示信息：家住中心小区 3 号楼 3 单元 201 的王奶奶家的一条黄色泰迪宠物狗，于 5 月 3 日在小区外菜市场丢失了，王奶奶儿子的电话：15123257761。

（2）根据范例总结出寻物启事的写法。

寻物启事格式	标题：写在第一行中间。
	正文：开头空两格，写清丢失物品的特征、时间、地点、联系人和联系人方式等。
	署名：写在稿纸右下方，日期上方。
	日期：写在稿纸的右下方，署名下方。

(3) 仿照例文，请你帮帮王奶奶，替王奶奶写一篇寻狗启事。为了能尽快帮她找到宠物狗，注意要在正文中写清要点。

(4) 当堂完成，师生点评。

(二) 学写书信，让联系更紧密

“写信”在实用性阅读与交流中承载着重要的情感交流功能，在学习实用性文体写作时，除了要引导学生学会一定的格式、结构，还应注重信件的情感交流与文化功能。作业设计时，我们要在写作对象上给予学生更多的选择空间。

比如，恰逢《2035去台湾》这首歌流行，教师就可以借此机会布置《写给台湾小朋友的一封信》，引导学生介绍当地文化、学校生活，交流各自学习生活，表达祖国统一的愿望，并发出邀约。

又如，疫情袭来，学校向全体学生送达温暖关爱——《致全体孩子的一封信》，引导学生居家期间，要多读书、勤运动，争做自律达人。教师便以此为契机，鼓励学生给校长回信，介绍自己的居家学习生活，彰显新时代好少年的风采。

再如，鼓励学生用书信与“伟人、名人、大家”对话，可以设置如下活动：

(1) 写出心中印象最深刻的五个人的名字。并确定给其中的一位写信，交流自己的想法。

(2) 学生写信，教师巡视指导，发现格式等问题，引导学生及时纠正。

(3) 赏读名家写给家人或同龄人给名人写信的故事。

(4) 介绍给作家写信的一本名著《亲爱的汉修先生》。

(5) 鼓励学生给名人写信，写出真情实感，写得好、美、有创意。

（三）学写说明文，让视野更开阔

说明文写作，具有很强的情境性和生活实用性。在小学阶段，学生阅读新闻和说明性的文章，能够帮助自己把握文章的基本观点，获取主要的信息，帮助写简单说明性文章时，要做到明白清楚。

统编教材语文五年级上册第五单元是说明文单元，可以利用课文和习作例文进行读写结合，设置如下作业：

（1）学完《太阳》一课后，查阅月球、火星等天体的资料，运用列数字、打比方、举例子、做比较等说明方法，介绍一个天体，把特点介绍清楚。

（2）学完《松鼠》一课后，学用课文中的方法，按一定顺序，从外形特点、生活规律、行为特点、其他习性等方面写一个小动物。

（3）在学完习作例文《风向袋的制作》之后，制作一个小玩具，用上说明方法，把制作过程写下来。

（4）结合生活所见、所闻、所做或者感兴趣的事物，自选角度，写一篇说明文，用上所学的说明方法，清楚明白地介绍，比如《腌黄瓜的制作》《玉米的自述》《自行车的自述》等。

（四）学写读后感，让阅读更营养

每次读完一本书或者一篇文章，把自己的体会、感受及得到的启示记录下来，写成一篇文章，这就是读后感。“写读后感”是统编教材语文五年级下册第二单元的习作主题。教师要指导学生学写读后感，掌握写作方法，提高阅读理解和写作能力。教师可以设置这样的学习活动：

（1）畅谈“读后感”的一般结构，梳理出写作“五步法”：

第一步，开头，引入主题。

第二步，简单介绍阅读的总体感受或文章主要内容。

第三步，重点介绍文中印象最深的内容，写出自己真实的感想。

第四步，联系生活实际和阅读经验，写自己的体会和感悟。

第五步，结尾，呼应开头。

（2）结合教师写的下水文，理解读后感的一般结构。

（3）结合几名学生的读后感、选做例文，强调写读后感需要注意的问题：

①拟定明确新颖的题目，正副标题要清楚。

②抓住较深刻的感悟点，充分论述。

③感想切合实际，写出真情实感。

（五）讲好英雄故事，让人物形象更丰满

学习革命英雄和劳动模范事迹，并具体、清楚、生动地讲述他们的故事，以表达敬仰之情，是小学语文中高段学习的重要内容。在清明节、建党节、国庆节等重要节日，可以为学生设计“与优秀党员、英雄面对面”活动，做“红领巾讲解员”，走进革命历史纪念馆，追寻革命历史足迹，采访当地英雄等，并尝试运用小视频等方式记录他们的故事，在公众号上展示。比如，一个读书社团采访并讲述党的二十大代表李连成的故事，可以这样设计任务分配清单：

任务分配：

（1）霖同学、畅同学作为记者出镜采访。

（2）云同学、淼同学从不同角度讲故事，并拍摄视频。

（3）阳同学负责现场录音记录，整理成采访报告。

（4）家长协助负责现场拍照，录视频。

（5）全体合作，汇集采访计划书、现场采访照片和记录的讲故事视频等资料，完成报道，在公众号上发布。

为了更好地了解地域文化、科技与社会生活，每到节假日，教师要鼓励学生走进大自然、走进社会、走进乡村等开展社会实践活动。比如，利用暑假，可以开展“城市路名、路牌大调查”等活动，绘制城市特色地图。

三、让学生站在成长中央

一切为了学生的成长，为了学生更好地成长。应用文写作是信息生产、储存、传递、实现交流必不可少的工具，是一项重要技能，考查的是思维、认识、语言组织等综合能力。生活应用类作业的设计，一定要从学生的生活与成长出发，让学生学有所用。

（一）格式规范不混乱

很多生活应用文都有特定的格式，教师可以引导学生辨析区分所学过的应用文文体示例。需要提醒的是，掌握格式只是学习生活应用文的一部分，通过多种情境的练习在应用中进行强化，不必把格式的条条框框作为单项考查。

（二）时间量化不局限

不同的生活应用文体，所需要的完成时间不一样。作业设计时，要根据学生的年龄特点和应用文文体的特点来限定完成时间。比如，要完成一个调查报告，时间周期可能是3～5天；而写一封信或者读后感，需要50分钟左右。

（三）多元评价不片面

生活应用文重在应用，一定要重视评价的多元性及全程化，给予学生有针对性的评价。如，在帮助老奶奶写寻物启事时，要及时肯定学生助人为乐的优秀品质。再如，在完成科技说明文的作业之后，及时召开“说明会”，使学生站在课堂的中央，在生生、师生互动评价中获得新的成长。

第二节　文学阅读与创意表达

阅读积累类作业的设计

小学阶段是孩子语言形成与发展的黄金时期，在特定的语言环境和规范语言的不断影响下，孩子的语言发展尤为迅速，大量的阅读和积累可以给孩子提供丰富的语言素材。《义务教育语文课程标准》（2022年版）指出："立足学生核心素养发展，充分发挥语文课程的育人功能。"语文课程的主要任务就是发展儿童的核心素养，阅读积累是提升学生语文核心素养的必要手段，学生在阅读中积累语言材料，形成良好的语感、良好的阅读习惯，拥有丰富的阅读经历，是学生语言形成与发展的坚实基础。

一、立足课堂

一提到阅读积累，大部分人就会不由自主地想到阅读课外书，补充课本以外的书籍，把阅读定位在课外。其实不然，语文课程本身就是丰富的阅读积累材料，语文课堂就是重要的阅读积累场所，在课堂上对于语文教材的语言积累应该放在阅读积累的本位。

统编小学语文教材增加了大量的阅读、识记、背诵素材，涵盖了寓言故事、名言警句、成语俗语等内容，并且对阅读内容和形式也做了规划与界定，阅读积累作业的设计就要立足于课堂，以教材为本，整合听说读写，引导学生尝试多种方法阅读并积累文本语言。阅读是学生个性化的行为，因此，要引导学生积极主动地阅读、理解和感悟，根据孩子的身心发展特点设计其感兴趣的阅读活动，达到积累目的。

二、创新设计

（一）借助工具讲故事

故事是一、二年级学生喜闻乐见的阅读形式。统编语文教材对不同阶段的学生设计了讲故事任务。孩子在听故事、讲故事的过程中复述大意或情节。通过讲故事，把文本语言转化成自己的语言，积累词汇。教师在设计作业时，要根据小学低年级学生的年龄和身心特点，围绕语文要素，设计不同层面的阅读作业。如，统编教材语文二年级上册《小蝌蚪找妈妈》一课，可以这样设置课后的练习题：

小蝌蚪找妈妈时都遇到了谁？它们都说了什么？填一填吧！再根据所填表格，讲一讲小蝌蚪找妈妈的故事。

遇到谁	说了什么

如，《我是什么》一课的课后习题“说说‘我’是什么，‘我’会变成什么？”就可以给学生搭设支架，借助图画，运用课文中的语言复述，设计这样的作业：

“我”会变成什么？画一画，再根据图片讲一讲吧！

再如，《寒号鸟》一课描写天气变化的词句：“几阵秋风，树叶落尽，冬天快要到了”“冬天说到就到，寒风呼呼地刮着。”描述了寒冷的递进层次。又如“冻得直打哆嗦、冷得像冰窖”的“得”字短语，更直观地描述了事物的特点。在学生阅读时会感到新鲜有趣味，那么可以设计这样的作业：

讲一讲《寒号鸟》的故事，用上课文中表示天气变化或寒冷的词句。

（二）关注语言常积累

语文学习要注重学生生活实际，引导学生进行语文阅读实践活动，体会语言表达的感情，积累语言，培养语感，主动阅读，奠定学习语文的基础。

统编教材语文二年级上册第四单元围绕“家乡”这个主题编排课文，以写景文章为主，其中《黄山奇石》《日月潭》《葡萄沟》三篇课文语言优美，生动形象，有的展开丰富的想象，有的描绘不同时空的美景，有的展现多姿多彩的异域风光，表现祖国的壮美河山，激发学生热爱祖国的感情。

《黄山奇石》一课，作者根据图片展开想象，把奇形怪状的石头写得生动逼真，让读者心向往之。教师可以抓住学生特别想去游览黄山这一心理特点，结合人文主题和语文要素，引导学生说说其中一处或几处景物，积累词语。采取争当“小导游”的学习方式设计作业：

同学们，学习了本单元的课文，你一定被祖国的壮美山河所折服，假如今天我们去游览黄山，请你当小导游，带领我们去参观吧！

亲爱的游客朋友们：

大家好！

我是今天的小导游__________，下面我带大家去游览黄山。黄山位于__________，那里__________，尤其是__________。

仙桃石____________________________。

今天的游览到此结束，欢迎大家下次光临。

《日月潭》一课，描写了我国台湾省著名风景区——日月潭，那里在不同的时间、不同的天气里，风光各异，令人神往。教师可以激发学生游览宝岛台湾的强烈愿望，积累优美词句，学习写作方法，可以设计以下层级式的作业：

（1）你最喜欢台湾省什么天气的景色，把相关词语摘抄下来，并配上插图吧！

____

____

____

（2）你最想去欣赏台湾省什么时间的美丽风光，那又是什么样子呢？写在愿望卡片上吧。

我的愿望卡

____

____

____

（3）仿照《日月潭》一课，写一写生活中你喜欢的一处不同时间或不同天气下的美景。

该单元第8课《古诗二首》中的“鹳雀楼”“庐山瀑布”都是著名景点。在以往的学习和背诵过程中，学生积累了很多描写祖国大好河山的古诗词，为了鼓励学生积累背诵，可以设计以下作业：

同学们，祖国山河是多么壮美，你还知道哪些关于祖国大好河山的古诗词？让我们举办一次诗词大会，大家来展示一下吧！

该单元“语文园地四”的“日积月累”栏目中，是关于风景的楹联名句。楹联是中华优秀传统文化，从古至今描写祖国风光的楹联也是数不胜数。可以据此设计这样的作业：

同学们，选择你最喜欢的一两句楹联，做成书签吧！可以和同学们比一比，看谁做得好。

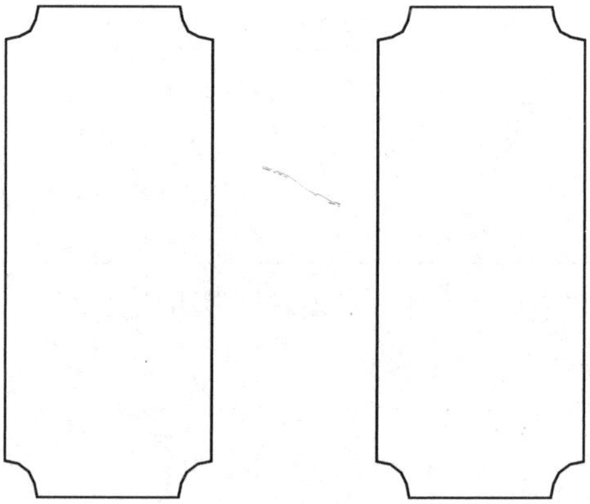

（三）课后习题会运用

统编教材语文三年级上册第二单元以“金秋时节”为主题，从不同角度展现了秋天的美景，其中《铺满金色巴掌的水泥道》一课，语言优美，通俗易懂，又贴近学生生活实际。《秋天的雨》是一篇抒情散文，也写出了秋天的多姿多彩。

1.《铺满金色巴掌的水泥道》一课课后习题有“朗读课文。把你喜欢的句子抄写下来”，让学生积累课本中描写秋天的优美词句，可以设计这样的作业：

同学们，落叶扮靓秋天，课文中哪些句子让你感受到了秋天的美好？抄写在稿纸上，并做简单的装饰吧！好的作品将在班级公示栏展示。

2.《秋天的雨》一课，课后也设置了“背诵第2自然段”的习题。那么可以为此设计这样的作业：

同学们，秋天是五彩缤纷的，它把各种颜色送给了不同的景物，开动脑筋想一想，秋天还会把什么颜色送给谁呢？仿照课文第2自然段写一写吧。

（四）开设情景小剧场

《义务教育语文课程标准》（2022年版）指出：阅读富有想象力和表现力的儿童文学作品，欣赏富有童趣的语言与形象，复述印象深刻的情节，积累多样的情感体验。教师可以结合相应的课文设计作业。

如，统编教材语文二年级上册中《狐假虎威》一课，故事情节生动有趣，角色个性鲜明，符合学生的认知特点，容易激发学生的阅读兴趣，可以这样设计作业：

同学们，《狐假虎威》一课中的狐狸是如何狡猾地骗过老虎的呢？谁能扮演故事中的角色，试着演一演吧。注意表现出课文中“神气活现、摇头摆尾、半信半疑、东张西望、大摇大摆”等词语。

时间：晴朗的一天

地点：茂密的森林里

角色：狐狸　老虎　野猪　小鹿　兔子

如，统编教材语文二年级上册中《纸船和风筝》一课，是一篇充满温情的童话故事，讲的是松鼠和小熊用纸船和风筝修补“裂缝”、互相谅解的故事。在学生的生活中也会遇到很多不好意思开口的时刻，就可以通过写卡片的方式修补“裂缝”，作业设计如下：

同学们，你和好朋友发生过误会吗？是不是很难过呢？你也像课文中的小熊和松鼠一样，给他写一张卡片，解除误会吧！

再如，统编教材语文二年级上册中《风娃娃》一课，写了风娃娃犯了错受到教训、获得成长的故事，这正符合二年级学生成长的实际情况，不断地犯错，不断地改正，不断地成长。可以设计如下作业：

风娃娃总是好心办坏事，听了妈妈的教导之后，他知道该怎样帮助人了。你看，在炎热的夏天，他送来的凉风……仿照课文再创编一个故事，演一演吧。

三、实施建议

（一）听说读写齐头并进

阅读积累是语文学习的基础，目的是提升学生语言运用能力，通过设计的阅读积累作业促进学生转化能力。在设计作业时，要把听说读写作业相融合，注重阅读积累，发挥语文的价值，提升学生的综合素养。

（二）精准定位作业设计

作业设计要精准定位。作业是课堂教学的补充与延伸，是教学的重要组成部分，是学生和教师沟通的有效途径，对学生有一定的激励作用。因此，为避免形式单一的、重复的机械性作业设计，要设计创造性和实践性的作业，让学生在作业中运用语言、促进思维能力，发展核心素养。

（三）尊重差异多元评价

学生是存在差异的独立个体，在作业的选择与完成程度上也存在不同程度的差异。教师要分层设计作业，鼓励能力强的学生探索更高层级的任务，能力不足的学生完成力所能及的作业，这样使学生都能获得成功的体验。与此同时，将过程性评价贯穿于作业各阶段，帮助学生建立自信，助力培养学生良好的阅读习惯。

阅读品味赏析类作业的设计

随着统编小学语文教材的全面使用和《义务教育语文课程标准》（2022年版）的颁布，学生阅读与鉴赏能力的培养，再次成为小学语文教学的热门话题。设计高效的阅读品鉴类作业，不仅能帮助学生形成和强化语言知识、语用体验，促进学生对知识图式的形成和储存，还可以引导学生在学习实践中丰富语言经验，掌握语用规律，从而不断提升语文核心素养。

一、增强意识，确定目标

（一）语文要素意识

设计阅读作业的主要目的就是落实语文要素，巩固课堂学习效果。因此，教师必须具有语文要素意识。教师要认真研读教材，明确各学段、各单元之间语文要素的螺旋式上升关系，确立每单元的学习目标，以此为依据确定每课的教学目标和作业设计目标。

如，统编小学语文教材对“复述”这一语文要素安排了序列式的训练：二年级借助图片、关键词、示意图等方法练习讲故事；三年级学习详细复述；四年级学习简要复述；五年级进行创造性复述。在设计作业时就要依据语文要素，设计不同层面的阅读作业。

（二）学生主体意识

阅读作业的使用对象是学生，因此教师要树立学生主体意识，以阅读学情为基础，精准把握学生的阅读起点，重点培养阅读能力的薄弱点。在学校“行走阅读间”的大阅读体系中，每年都会调查学生的阅读量，调研学生的阅读水平。根据每学期末的阅读素养大赛，多角度分析学生在整体感知、赏析评价、个体运用方面的阅读水平，并以此作为设计阅读作业的重要依据。增强学生主体意识，精准把握阅读学情，可以让阅读作业设计有的放矢。

二、搭建支架，作业高效

（一）聚焦关键词句，品味语言

小学语文中高年级教材中课文较长，设计阅读作业时引导学生聚焦关键词句，认真揣摩与对比，能精准把控知识重难点，训练学生对语言文字的品评能力。

如，统编教材语文四年级上册《走月亮》一课，课后可以设置这样的练习题：

（1）聚焦动词，品味语言。

①“细细的溪水，流着山草和野花的香味，流着月光。”

从两个“流”字中我感受到了________________

②“哟，卵石间有多少可爱的小水塘啊，每个小水塘，都抱着一个月亮！”

句中“抱”可以换成“映”吗？为什么？

____

（2）文中出现了几次“我和阿妈走月亮”？这样写有什么好处？

____

再如，统编教材语文四年级上册《爬山虎的脚》一课，课前布置观察作业，写一篇观察日记，课堂上品析课文中一系列的动词使用的妙处，课后就可以布置这样的作业：

（1）回想一下，《爬山虎的脚》一课中有哪些关键词句用得好，找出来再读一读相关句段。

(2) 读一读自己的观察日记，思考：所用动词是否细致，还可以替换或补充哪些词句？尝试着替换、补充与修改。

(3) 想一想，为下节课小组交流做准备：自己的观察日记做了哪些修改？为什么？后面的观察中需要注意什么？

(二) 绘制人物画像，体会形象

大单元视角下的阅读作业以整组课文为单位，基于学生的认知水平和能力发展需求，围绕单元人文主题和语文要素有针对性地设计。

如，统编教材语文四年级上册的第四单元是神话故事单元，“感受神话故事中神奇的想象和鲜明的人物形象”是本单元语文要素之一，从单元整体出发，可以设计如下“绘制神话人物卡片”作业：

同学们，学习了本单元的课文，相信你对中、外神话故事中的人物有了深入的了解，请你分别选择一位最喜欢的中国神话人物和外国神话人物，为他们绘制画像吧。

中国神话人物	外国神话人物
姓名：________	姓名：________
特点：________	特点：________

通过对比，我发现中、外神话人物的相同点是：________________

____

中、外神话人物的不同点是：________________

如，统编教材语文四年级下册第七单元，语文要素是“从人物的语言、动作等描写中感受人物的品质”，为充分激发兴趣，可以设计这样的作业：

作业主题：我为人物“画像”

（1）通过本单元课文的学习，我认识了________的哈尔威船长，________的黄继光，________的挑山工。我最喜欢的人物是________。

（2）我用文字为他“画像”。（回想让你印象最深刻的画面，摘抄相关片段，再写出你的感受）

摘抄：____

____

____

我的感受：____

____

（三）创设具体情境，体会情感

《义务教育语文课程标准》（2022年版）指出：“从学生语文生活实际出发，创设丰富多样的学习情境，设计富有挑战性的学习任务，激发学生的好奇心、想象力、求知欲，促进学生自主、合作、探究学习。”这就要求我们教师将文本学习与感受自然人文相结合，努力创设语文实践情境，激发学生内在的语文学习潜能。作业设置是语文教学的重要组成部分，也同样需要创设真实具体的情境，让学生在情境中运用知识，让思维发展可视化，综合提升学生的能力。

如，统编教材语文四年级下册第一单元的人文主题是“乡村生活”，语文要素是“抓住关键语句，初步体会课文表达的思想感情”。在课堂学习中，除了带领学生领略古诗词、散文中描写的别样的乡村风光，还可以借用周末布置一次实践性作业，让学生走进乡村，走进田间地头，领略大自然的魅力。作业设计如下：

同学们，周末到了，请带着善于发现美的眼睛，去感受乡村的美景吧！小路、溪流、树林、野花、房屋、人家……到处都是独特淳朴的景致，让我们带着任务出发吧。

(1) 走进乡村的田野、果园、院落，感受乡村生活的惬意与美好，选取一处你最喜欢的景致，拍摄一张图片并打印出来，记录下这“美丽时刻”吧。

(2) 回想一下，本单元的课文中哪句话能与你的照片相对应呢？请你选取一句诗词或几句优美的句子写到旁边，也可以写出自己独特的感受。

(3) 下周一，班级要举行“我为乡村代言”推介会，请你选择你所代言的乡村中最具乡村特色的某一个方面，如乡村一角的景色、丰收的景象、乡村的人等，写一份推介词，要写出特点，表达你对它的独特感情。可以引用课文中优美的诗词和句子，也可以图文并茂，感兴趣的同学还可以把文字录制成声音，并把生成的二维码一并呈现。

统编教材语文四年级下册第四单元以“我的动物朋友”为主题，编排了《猫》《母鸡》《白鹅》三篇文章，语文要素是“体会作家是如何表达对动物的感情的”。结合《猫》一课，设计如下作业：

本单元我们跟随课文一起认识了“老舍笔下的猫”，并体会到作者藏在文字中的独特情感。其他作家又是怎样描写猫的呢？请你来当“鉴赏小达人”，仔细品读，对比课本和“阅读链接”栏目中的两位作家描写的猫，借助表格来鉴赏吧！

	老舍《猫》	夏丏尊《猫》	周而复《猫》
相同之处			
不同之处			
我最喜欢（打√）			
我的体会 （从文段写作方法或抓住关键词句来赏析）			

（四）提供思考路径，个性批判

评价判断能力是一种高级阅读能力，是对文本感知、体验和评价能力的综合体现。设计阅读作业，为学生提供思考方向与路径，培养学生的批判性思维。

如，统编教材语文四年级上册第三单元《爬山虎的脚》一课，为引导学生体会文章准确生动的表达，感受作者连续细致的观察，课后可以设置这样的作业：

通过反复阅读课文，我们体会到叶圣陶爷爷连续细致的观察，请你结合课文，设想叶圣陶爷爷的观察思路和记录方法，提取文章中关键词句，完成下面的观察记录表吧。

观察时间	观察对象	特点（关键词）	感受
	叶子		
	脚的样子		
	怎样爬		
	枯萎		

再如，统编教材语文四年级下册第八单元《宝葫芦的秘密》一课，课后设置以下情境，以辩论赛的形式有理有据地发表自己的看法和见解。

辩论主题：拥有宝葫芦是好事还是坏事？

正方观点：拥有宝葫芦是好事。

反方观点：拥有宝葫芦是坏事。

辩论赛前期准备工作：

第一步，自由选择加入正方或反方的队伍，确立观点。

第二步，广泛搜集实例，增加论据。

第三步，形成论点，自由练习直至熟练。

第四步，小组结合，组内推选代表。

第五步，各组代表参加终极辩论赛。

在阅读作业设计中，还可以运用罗列表格、对比阅读、举例参照、分解步骤等方法提示思考路径，让学生精准评价，形成健康向上的评价能力和鉴赏品位。

三、运用策略，保证质量

（一）作业目标清晰化

阅读作业的设计是为了辅助课堂教学，提升学生阅读能力，培养核心素养。因此，作业目标要清晰，直指学生思维、观察、评价等各方面能力的提升，要去除作业形式化、表面化、机械化、低效化。

（二）作业完成时间合理化

在大单元统整教学的背景下，作业的完成时间也应根据任务的难易程度安排。如《走月亮》的作业，就可以在教学过程中完成，在教学情境中引发学生思考和比较；再如，关于《宝葫芦的秘密》的辩论赛，在课后一周内完成即可，给学生搜集资料、班内竞选的充足时间，才能保证每个学生都得到能力的锻炼和提升。

（三）作业提交方式多样化

单元作业测评要尊重个体差异，不仅仅停留在区别学生是否具备相应的能力上，还要区分学生某一方面能力的高低，也就是能力所处的层级。可以设置不同层次的星级挑战，让学生选择合适的任务，进而有针对性地指导，要关注到每一个学生，发展每一个学生。作业形式要多样，可以有独立完成的作业，也有小组合作完成的作业；有书面作业，也有实践作业，让学生以不同的形式提交作业。

（四）作业评价方式多元化

阅读作业的批改与评价，是全方位、全过程的，强调诊断分析、及时反馈和有针对性地指导。教师要充分发挥作业的诊断和补偿作用，不仅要注重学生的学习效果，还要注重学生的学习过程和学习习惯。在评价的过程中，教师要把评价的标准可视化、前置化，使参评方式多样化，有学生自评、同学互评、家长评、师生评。还要建立健全评价机制，让学生及时看到作业反馈，形成评价促提升的良性循环教学模式。

神话故事赏析类作业的设计

夸父的手杖变成了郁郁葱葱的桃林，月圆之夜时后羿与嫦娥在月桂树下窃窃私语，心系百姓的望帝化作一只杜鹃鸟完成心中理想……这些神话故事充满神奇的色彩，它的产生表现了远古时代人民对大自然的抗争和对理想的追求。正如教材中所说："神话，永久的魅力，人类童年时代飞腾的幻想。"

统编教材语文四年级上册第四单元围绕"神话的魅力"这一主题，编排了三篇精读课文《盘古开天地》《精卫填海》《普罗米修斯》和一篇略读课文《女娲补天》，有中国神话故事，也有古希腊神话故事，引导学生开启神话之旅，欣赏多姿多彩的神话故事，探寻神话故事的魅力。

一、落实单元要素，助力作业设计

《义务教育语文课程标准》（2022 年版）第二学段总结：在落实以上要求过程中，注重感悟国家通用语言文字的文化内涵，初步认识中华优秀传统文化蕴含的思想和智慧。

设计神话故事赏析类作业，不仅要领会新课标的精神，还要落实单元要素，确定教学目标。统编教材语文四年级上册第四单元的语文要素：一是了解故事的起因、经过、结果，学习把握文章的主要内容；二是感受神话中神奇的想象和鲜明的人物形象；习作要求是展开想象，写一个故事。教师要对作业形式进行合理设计，落实语文要素，促进学生核心素养的全面发展，让语文课堂教学真正实现减负增效。

语文作业的设计要以学生为主体，教师要了解学生的阅读与理解能力，激发学生对神话故事的期待，积极主动参与作业实践活动，提升学生语文学习水平。教师可以设计一份关于"神话故事实践性作业"的问答卷，了解学生对神话故事创新性作业的看法和兴趣，根据学生的身心发展特点和学情，设计难度适宜、利于落实语文要素的创新性作业。

二、搭建支架，优化作业

（一）补白想象，感受故事的神奇

《义务教育语文课程标准》（2022 年版）明确提出，在发展语言能力的同时，发展思维能力，激发想象力和创造潜能。逐步养成实事求是、崇尚真知的科学态度，初步掌握科学的思想方法。

神话故事是远古时期人民想象力和创造力的结晶，在神话故事阅读教学时，应充分发掘神话故事中留白的空间，调动学生生活、阅读的经验，根据故事发展，进行丰富的想象，感受神奇的魅力。

如《女娲补天》一课，女娲补天的五个过程是一项艰巨的任务："捡五色石、炼石补天、杀龟撑天、杀死黑龙和堵塞洪水"，可是作者对女娲寻五色石没有再详细描写，而是仅仅用一句话概括"女娲先从各地捡来赤、青、黄、白、黑五种颜色的石头，燃起神火熔炼"。留给学生无限想象的空间。那么就可以巧妙运用补白想象，搭建创编支架，布置这样的作业：

（1）女娲是从哪里捡到赤、青、黄、白、黑五种颜色的石头的？

（2）女娲在捡石头的过程中会遇到哪些困难？

（3）当她遇到困难时，她会做些什么，说些什么，想些什么呢？

请同学们大胆展开合理的想象，把女娲补天"捡五色石"的过程说清楚，说生动。

这样的补白练习，一是落实了教学目标，二是发展学生的思维能力和想象能力，三是让学生在想象中感受到女娲不怕困难、奉献人类的伟大精神。学生也会在与文本产生共鸣的过程中，感受学习语文的乐趣。

再如，《精卫填海》这篇简短精悍的文言文，以动人的故事、离奇的手法，让学生认识了一只不畏艰难、勇往直前的精卫鸟，给学生留下无限的想象。“常衔西山之木石，以堙于东海”仅仅 12 个字，就写出了女娃化为精卫，衔木石填海的执着与坚持，那么可以设计这样的作业：

（1）夏天烈日炎炎，精卫＿＿＿＿＿＿＿＿＿＿；冬天寒风凛凛，精卫＿＿＿＿＿＿＿＿＿；日复一日，年复一年，日不停歇地从西山衔木石填海。

（2）一只小小的精卫鸟，面对大海，肯定会困难重重，但是精卫从未放弃。

当面对别人的劝阻，她是怎么说的？

＿＿＿＿＿＿＿＿＿＿＿＿＿＿＿＿＿＿＿＿＿＿＿＿＿＿＿＿

当小小的身躯面对波涛汹涌的大海，她是怎么做的？

＿＿＿＿＿＿＿＿＿＿＿＿＿＿＿＿＿＿＿＿＿＿＿＿＿＿＿＿

当面对雨雪风暴的天气时，她又是怎么做的？

＿＿＿＿＿＿＿＿＿＿＿＿＿＿＿＿＿＿＿＿＿＿＿＿＿＿＿＿

让学生在想象补白的作业中走进文本，与精卫对话，深刻感受小小精卫鸟内心充满了巨大力量，不填平东海誓不罢休的决心。

（二）写颁奖词，赞美神话人物

《义务教育语文课程标准》（2022 年版）指出：“语文课程应引导学生热爱国家通用语言文字，在真实的语言运用情境中，通过积极的语言实践，积累语言经验，体会语言文字的特点和运用规律，培养语言文字运用能力。”可以创新作业“写颁奖辞，赞美神话人物”，引导学生掌握从具体的语言材料中总结语言文字的规律，以及运用语言规律解决语文问题的方法。

中央电视台节目《感动中国》中的颁奖辞以最诚挚的文采，赞颂最平凡、最可爱的人，为我们留下一笔宝贵的精神财富。如 2020 年感动中国人物，致武汉金银潭医院院长张定宇的颁奖辞为：“步履蹒跚与时间赛跑，只想为患者多赢一秒。身患绝症与新冠周旋，顾不上亲人已经沦陷。这一战，你矗立在死神和患者之间。”

在学习《普罗米修斯》时，学生了解了事情的起因、经过和结果后，感受到普罗米修斯为了人类的幸福生活而忍受苦难时，学生情绪高涨，侃侃而谈。为了让学生对人物形象认识更深刻，教师可以教学生写颁奖辞，从人物事迹对品质或精神加以赞美，于是可以设计给普罗米修斯写颁奖辞的作业如下：

同学们，颁奖辞凝聚着英雄的光荣事迹，述说着伟大的贡献，感动着每一个读者。请你试着给火神普罗米修斯写一写颁奖辞，让我们来纪念这位英雄。

请看丁泉菲同学写的颁奖辞：

他舍己为人，为了人间的光明，不惜以身试险“盗”取火种；他英勇无畏，为了人类的幸福，不惜牺牲自己的性命；他顽强不屈，决不向权势低头。他就是人间的“光明使者”——普罗米修斯。

（三）设计名片，传颂神话英雄

叶圣陶老先生说：“语文教材无非是个例子。”如何把在课堂中学到的方法进行落实，让学生有所思、有所得，才是阅读教学的真正意义。

学生学完该单元的四篇课文，感受到了神话故事中奇特的想象和个性鲜明的人物形象。从单元整体出发，教师可以设计如下“绘制神话人物名片”作业：

同学们，学习了本单元的课文，相信神话故事中的人物已深深吸引了你们，请你选择最喜欢的神话人物设计一份个性名片吧。

神话人物名片

我为人物画像

姓名：________________

称号：________________

事件：________________

品质：________________

我喜欢他（她）的理由：________________

____

（四）新颖辩论，深刻感受人物形象

《义务教育语文课程标准》（2022 年版）提倡："乐于探索，勤于思考，初步掌握比较、分析、概括、推理等思维方法，辩证地思考问题，有理有据、负责任地表达自己的观点。"在设计神话故事类阅读作业时，教师要大胆创新，设计富有挑战性的作业，提高学生的辩证思维能力。

《普罗米修斯》一课第 4 自然段，当学生读到火神对普罗米修斯悄悄说："只要你向宙斯承认错误，归还火种，我一定请求他饶恕你。"教师可以设计这样的作业：

> 假如你是普罗米修斯，会如何选择呢？
>
> 辩论主题：要不要选择归还火种？
>
> 正方观点：不归还火种，让人民过安宁的生活。
>
> 反方观点：归还火种，自己可以免遭残酷惩罚。

辩论赛前期准备工作：

第一步，自由选择加入正方或反方的队伍，确立观点。

第二步，代入角色，展开联想，增加论据。

第三步，拓展阅读，联系生活实际，增加说服力。

第四步，小组结合，组内推选代表。

第五步，各组代表参加终极辩论赛。

通过辩论，学生心系普罗米修斯的命运，可以更深刻地感受普罗米修斯的献身精神。

（五）比较阅读，提高鉴赏力

希腊神话与中国神话，都反映了早期的人类为了认知自然而产生的神奇创造力，如“火”的产生，希腊神话有普罗米修斯盗取火种造福人类的传说，中国神话有燧人氏钻木取火的故事。根据课后的“阅读链接”栏目，可以设计如下作业：

同学们，请认真阅读“阅读链接”栏目，了解中国神话故事燧人氏钻木取火的内容。比较阅读，思考《普罗米修斯》《燧人取火》两篇神话故事的相同点与不同点，完成下面的表格。

	《普罗米修斯》	**《燧人取火》**
相同点		
不同点		
分析原因		

（六）小组合作，完成神话故事连环画

《义务教育语文课程标准》（2022 年版）在跨学科学习任务群的教学提示

中特别强调："要引导学生在广阔的学习和生活情境中学语文、用语文，提高交流沟通、团队协作和实践创新能力……学会提炼、表达、呈现学习成果，着重培养学生综合运用多学科知识解决实际问题的能力。"那么，连环画的作业设计就要富有创新性，一是美术服务于语文，让语文作业锦上添花；二是小组合作探究学习模式，体现团队协作精神，培养实践创新能力。

《盘古开天地》课文插图，是以连环画的形式描写了盘古开天地的四个过程"混沌中沉睡　劈开天地　顶天立地　化身万物"，帮助学生了解故事的起因、经过、结果，树立盘古无私奉献、舍己为人的英雄形象。设计《精卫填海》一课的作业时，受《盘古开天地》一课插图的启发，可设计作业如下：

同学们，无声的文字给了我们丰富的想象力，这篇文言文虽然短小精悍，但是相信这个动人的故事给大家留下了深刻的印象，让我们的眼前出现一幅幅生动的画面，请小组成员携手合作，按照事情的起因、经过、结果，绘制一册现代版"精卫填海"连环画，期待同学们的佳作！

三、精心设计，高效适度

一是要留足时间，让学生充分地研读、思考。如连环画的制作，小组成员之间要商讨、计划、分工，完成需要至少一周的时间。

二是进行拓展阅读，丰满人物形象。鼓励学生大量阅读神话故事书，从而进一步感悟神话的神奇，查阅人物资料，全面了解人物的形象。如全面认识普罗米修斯，为辩论赛做好准备。

三是做到新颖有趣，设计方式多样化。保护学生对神话故事的兴趣，调动学生学习语文的积极性，乐意做语文作业。

总之，阅读神话故事赏析类作业的设计，需要教师结合新课程标准、语文要素、课文内容及班级学情，优化设计作业，做到形式多样有创新，难度适宜有梯度，兴趣浓厚有收获，让学生在完成神话故事创新作业的过程中，探寻神话故事的魅力。

古诗文赏析类作业的设计

“野火烧不尽，春风吹又生”，这样经典的诗句千古传诵，给予人们无穷的力量，带给人们无数的希望。“落霞与孤鹜齐飞，秋水共长天一色”，让每个人的眼前浮现出一幅色彩明艳的奇妙画卷。“横看成岭侧成峰，远近高低各不同”，让大家明白站在不同角度，看到的问题不一样的道理。古诗词就是华夏优秀传统文化中的一颗颗耀眼的明珠，给语文课堂增添了无穷的魅力。

《义务教育语文课程标准》（2022 年版）指出：“重视古代诗文的诵读积累，感受文学作品语言、形象、情感等方面的独特魅力和思想内涵，提升审美能力和审美品位。”那么，对于古诗文赏析类作业这个语文教学实践活动中重要的环节，教师就要创新设计，使学生在完成作业的过程中，感悟古诗的独特魅力。

一、发展核心素养，确定目标

随着“双减”政策落地和语文新课程标准的颁布，借助古诗文作业设计，将我国的传统文化渗透到教学中，学生既能掌握知识，传承和发扬传统文化，综合素养也得到全面发展。古诗文作业的设计，要以学生为主体，教师要以培养学生核心素养为出发点，创新作业设计，使学生的文化自信、语言运用、思维能力、审美创造四个方面能力得到全面提高。

新课标对于不同学段的学生在“识字与写字”“阅读与鉴赏”“表达与交流”“梳理与探究”等方面都有不同层次的学习目标。那么，不同的学段对于古诗文作业的设计也就不同，教师要根据学生的不同学段及学情分层设计作业。

二、搭建支架，优化作业

（一）查找资料，体会诗人情感

《义务教育语文课程标准》（2022年版）在第三学段的“梳理与探究”中提出：“初步了解查找资料、运用资料的基本方法。利用图书馆、网络等渠道获取资料，解决与学习和生活相关的问题。”统编教材语文五年级上册第四单元的单元主题是“爱国情怀”，语文要素是“结合材料，体会课文表达的思想感情”。本单元第一篇课文是《古诗三首》，包括《示儿》《题临安邸》《己亥杂诗》。由于时代久远，学生对诗句的理解会仅仅停留在字面上，不容易体会作者表达的爱国之情。如果这时候，教师引导学生结合注释了解古诗大意，设计“查找资料”的作业，让他们通过搜集资料，了解当时的时代背景及作者经历，就能够帮助他们体会诗人的情感。那么，教师可以设计这样的作业：

亲爱的同学们，我们要学习第12课《古诗二首》了，为了更好地理解古诗意思，体会作者表达的情感，请你们提前查查资料：①了解诗人的生平简介。②了解当时的写作背景。

如学习《示儿》一课，爱国诗人陆游临终前，身体已经那么虚弱了，还要嘱咐儿子什么事情呢？联系现实不难想到，临终遗言应该是家人要好好生活之类的。这时候，学生分享对诗人志向的了解，结合北宋灭亡的资料，就更容易了解意思：诗人明明知道死后万事空，但是还是要求儿子在祖国统一的那一天，一定把这个好消息告诉他。这样，学生就能深刻感受诗人浓浓的爱国情怀。

（二）古诗配画，悟古诗意境美

“诗中有画，画中有诗”，是诗人苏轼对诗画风格的一种美学评价。《义务教育语文课程标准》（2022年版）倡导跨学科学习，提出：“围绕学科学习、社会生活中有意义的话题，开展阅读、梳理、探究、交流等活动，在综合运用多学科知识发现问题、分析问题、解决问题的过程中，提高语言文字运用能力。”

统编教材语文五年级上册第七单元的主题是“自然之趣”。课堂上，学生在学习第21课《古诗词三首》的其中一首《枫桥夜泊》时，就可以引导学生首先找出古诗中所描写的景物和人物，然后让他们想象古诗描绘的画面：发生在什么时间？张继的所见所闻所感是什么样的？进一步使学生理解，这首诗是写在深秋时节的半夜，诗人看到了月亮慢慢西沉，江边的枫叶随风摇曳，渔船上闪着灯火，听到了从寒山寺传来敲钟的声音，从一个“愁”字体会到张继心中充满愁绪。当学生设身处地感受到作者漂泊他乡的孤独忧愁时，教师就可以设计这样的作业：

> 同学们，请你拿起手中的画笔，给古诗《枫桥夜泊》配画，构图要饱满，主题要鲜明，内容要突出，画中要写有诗文，字体应有书法风采，表达出书画相辅相成的特点。

看，这是张艺渲同学的作品，勾画出一幅幽静的秋江夜泊图。

再比如，统编教材语文五年级上册第一单元的“语文园地”的第三板块“日积月累”是唐朝诗人虞世南的古诗《蝉》。课堂上，教师引导学生读准字音，读通诗句，理解了这首诗的大致意思，再指导学生背诵。结合这一单元的语文要素“初步了解课文借助具体事物抒发感情的方法”，使学生明白诗人借助“蝉”自喻高洁的志向，那么就可以设计这样的作业：

对古诗《蝉》感兴趣的同学，可以拿起手中的画笔，给它配幅画，要求主题鲜明，内容突出。

张鹏飞同学给古诗《蝉》配了一幅画，他把蝉画得栩栩如生，看，蝉发出的声音，分明是在表示：响亮的声音之所以传播很远，不是靠吹来的阵阵秋风，而是因为它在高处，是一只生性高洁的蝉！

由此可见，创新诗配画的作业设计，既使语文与美术学科巧妙地融合，又培养了学生实践创新能力。

(三) 绘制书签，明白古诗哲理

杜甫曾写有“笔架沾窗雨，书签映隙曛”的诗句。可见，在唐朝的时候就已经有书签了。这一枚小小的书签，似乎在述说着中华文化的丰厚底蕴。

中华古诗词内容丰富，有诗情画意的、勤奋读书的、珍惜时间的、励志向上的、展现深厚友谊的等。学生积累古诗词后，不仅仅受到传统文化的熏陶，而且能够帮助自己树立正确的人生观、价值观。为了让学生养成读书的好习惯，让阅读成为生活的一部分，在 4 月 23 日“世界读书日”这天，可以布置这样的作业：

亲爱的同学们，书籍是人类的精神食粮，今天是世界读书日，让我们做一名爱读书的孩子，享受阅读带来的乐趣。请你绘制一枚书签，配上有关读书的、珍惜时间的诗句，或者自己的座右铭，时刻提醒自己珍惜美好光阴，健康成长。

一枚精致的小书签夹在书里，就像一位亲密的朋友，在时刻提醒自己。当学生在读书的时候，看到书签上的“读书不觉已春深，一寸光阴一寸金”，或者“一日不读书，胸臆无佳想，一月不读书，耳目失清爽”“问渠那得清如许，为有源头活水来”时，相信定会受到激励而好好读书学习的。

瞧，小旭同学制作的书签写上“梅须逊雪三分白，雪却输梅一段香”作自己的座右铭，是在说明这样一个道理：梅和雪各有特点，就像每个人都有其长处与不足，所以不要因为自己的短处而难过，要看到自己优势，正视不足，发挥自己的特长，并针对落后于别人的方面积极取长补短，一定会成为更优秀的学生。

绘制书签作业，学生积极性很高，乐于完成并分享，不仅锻炼了动手动脑能力，提升了艺术审美能力，还培养了积极向上的价值观。

（四）比较阅读，提高古诗鉴赏力

设计古诗文类阅读作业，要大胆创新，设计富有挑战性的作业，提高学生的辩证思维能力。

古诗词“比较阅读”，就是在教学时，将两首或两首以上的诗词，从内容、形式、主题思想、抒发情感等多方面比较、对照，这样既可以有机整合教学内容，使课堂更有效率，又能活跃学生思维，提高鉴赏能力。

如，统编教材语文四年级上册第三单元的单元主题是“处处留心皆学问”，语文要素是“体会文章准确生动的表达，感受作者连续细致的观察”。本单元开篇是《古诗三首》，包括白居易的《暮江吟》、苏轼的《题西林壁》、卢钺的《雪梅》，均是描绘景物的，是作者通过对景物连续细致观察写下的感受。课堂上，教师引导学生正确、流利地读课文之后，就可以这样设计作业：

生活中处处留心皆学问，我们要有一双会发现的眼睛。三位诗人对景物进行了连续细致的观察，而作者观察的景物不同，角度不同，所表达的情感也不同。请三人小组进行合作，梳理古诗，完成下列表格。

题目 不同点	《暮江吟》	《题西林壁》	《雪梅》
观察景物			
通过什么感官观察的			
观察的过程			
观察的方法			
表达的情感			

再比如，统编教材语文六年级下册第一单元的单元主题是“民风民俗”，本单元中第三篇课文《古诗三首》分别为《寒食》《迢迢牵牛星》《十五夜望月》。这三首古诗涉及的相关传说都与我国传统节日有关。课堂上，教师引导学生正确、流利地读课文，结合注释了解大意之后，可以设计这样的作业：

同学们，“十里不同风，百里不同俗。”传统节日是华夏悠久文化的重要组成部分。描写传统节日的古诗也表达着不同的情感。请小组合作，用心思考，梳理《古诗三首》，完成下列表格。

题目 不同点	《寒食》	《迢迢牵牛星》	《十五夜望月》
节日			
习俗			
表现手法			
表达的情感			

（五）古诗改编，体会别样感受

统编教材语文五年级下册第一单元的单元主题是“童年往事”，语文要素是“体会课文表达的思想感情”。本单元第1课是《古诗三首》，分别是范成大的《四时田园杂兴（其三十一）》、杨万里的《稚子弄冰》、雷震的《村晚》。三首古诗都很有意思，读着这些诗句，眼前就仿佛出现了一个个天真可爱的孩童。

在教学《稚子弄冰》时，教师可以引导学生边读边想象画面，抓住动词“脱”“穿”“敲”，想象孩子把冰从金属盆里取出来时小心翼翼的样子，那种敲冰时的得意，“忽作玻璃碎地声”的沮丧，结合生活经验猜一猜孩子会怎么想、怎么说。学生对这篇课文会特别感兴趣。教师可以设计这样的作业：

同学们，请你根据《稚子弄冰》这首古诗，展开想象，丰富画面，把它改写成一篇短文，用生动的语言描绘出来吧。

《义务教育语文课程标准》（2022年版）提出：“能通过诵读、改写、表演等方式，表达自己对感人情景和形象的理解与审美体验。”是的，古诗语言凝练简洁，有很多留白，给学生以想象的空间。把古诗改成短文这样的形式，不仅结合单元要素感受到了诗人表达的思想感情，而且能够极大激发学生的创作兴趣，拓宽语文学习的领域。

三、统筹协调，保证质量

（一）从学生角度出发

创新性作业，一定要面向全体学生，对小学低、中、高学段要有不同层次的要求，符合学生的心理期待，使学生主动去做、乐意去做，激发起好奇心、想象力和求知欲。

（二）精准作业定位

“作业评价是过程性评价的重要组成部分，作业设计是作业评价的关键。教师要以促进学生核心素养发展为出发点和落脚点，精心设计作业，做到用词准确、表述规范、要求明确、难度适宜。”发展学生的核心素养是优化作业的最终目的，在设计作业时，一定要落实单元要素，优化作业设计，提高作业质量。

（三）注重多元评价

教师要尊重学生个性差异，能够关注学生在学习过程中的进步，善于发现孩子身上的闪光点，只要有进步就要及时鼓励，可以借助奖状、表扬信、口头表扬等多种形式，让每一个学生都能通过完成创新性作业，增强学习的信心，促进核心素养的全面发展。

小说赏析作业的设计

《义务教育语文课程标准》（2022年版）围绕立德树人的根本任务，以识字写字、阅读鉴赏、表达交流、梳理与探究等语文实践活动为主线，综合构建素养型课程目标体系。小说的阅读鉴赏是阅读鉴赏板块的一个重要方面，这也充分体现了教材观念的更新——重视文体，鼓励学生写多种文体，鼓励学生想象、创意表达。小说鉴赏的作业设计有助于感受人物形象，提高学生的鉴赏水平。

一、根据学情，以学定教

统编教材语文六年级下册第四单元是第一次以单元形式引导学生接触小说文体，该单元的语文要素是“读小说，关注情节、环境，感受人物形象”，引导学生体会情节推进和环境描写，塑造人物形象。

总览整套小学语文教材，不难发现，在学习该单元以前，学生已经有一定的小说阅读基础，只不过之前学的是以故事和写人记事类文章来学习，没有定位在小说文体上。

之前学过的《小英雄雨来》《摔跤》《刷子李》……其实都是小说，不过学习侧重点是运用动作、语言、心理描写等写人的基本方法。把一个人的特点写清楚，学生对这类文章的表达手法并不陌生。所以，在进行该单元教学时，教师要把握好学生的“已有基础”和“未知知识”。

这个单元的“快乐读书吧”，推荐阅读《童年》《爱的教育》《小英雄雨来》，促进学生加大阅读数量，提升阅读质量。整个单元遵从阅读到表达的编写理念，帮助学生认识小说、爱读小说、学写小说，产生阅读小说的兴趣。因此，教师在作业设计时，既要落实语文要素，又要加强课外小说鉴赏，培养阅读小说的兴趣。

二、聚焦要素，品赏小说

（一）厘清情节，感悟小说内容

1. 借助思维导图厘清思路

小说的三要素是人物、情节和环境，人物塑造是小说的核心，而通过设计情节塑造人物的形象，对刻画人物起到举足轻重的作用。

《桥》叙述了一位村党支部书记面对突然暴发的洪水，以自己的威信，党员忠于职守的信念和临危不乱的指挥，使村民们顺利通过了木桥，老支书和他的儿子却牺牲了。此篇小说虽篇幅短小，但是情节一波三折，冲突不断。你能把下面的四次冲突补充完整吗？

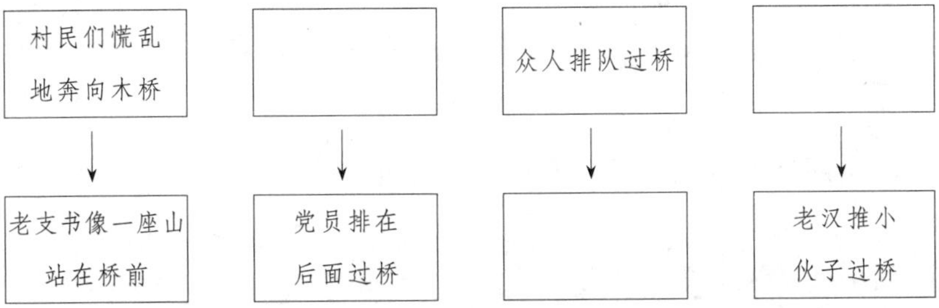

《穷人》叙述了一个寒风呼啸的夜晚，桑娜和渔夫主动收养刚刚病故的邻居西蒙的两个孤儿的故事。你能以人物活动为线索，把故事情节补充完整吗？

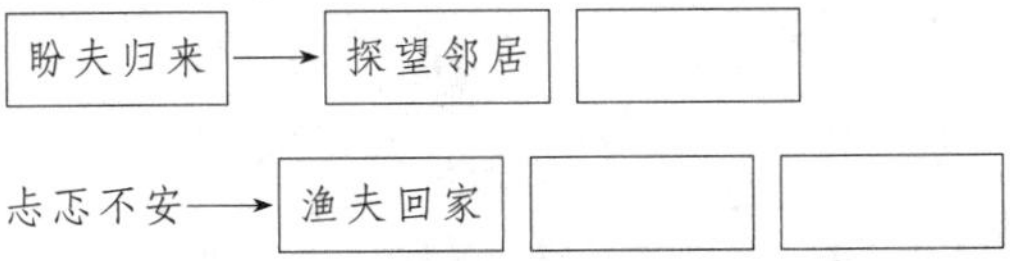

《金色的鱼钩》叙述了长征途中一位炊事班班长牢记部队指导员的嘱托，尽心尽力照顾三个生病的小战士过草地，而不惜牺牲自己的感人故事。想一想课文围绕“鱼钩”写了哪些内容，把鱼骨图补充完整吧。

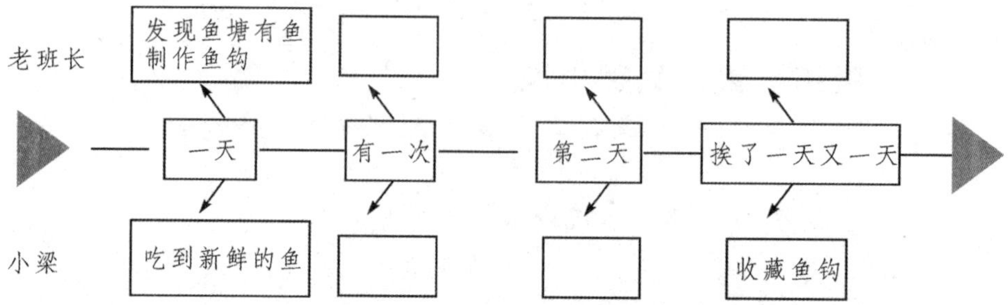

借助思维导图梳理情节，既帮助学生厘清了作者写作的思路，梳理了小说情节的发展，又能让学生体会到情节的推进，使人物形象更加鲜明。

2. 对比人物表现，体会情节冲突

村庄惊醒了。人们翻身下床，却一脚踩进水里。是谁惊慌地喊了一嗓子，一百多号人你拥我挤地往南跑。近一米高的洪水已经在路面上跳舞了。人们又疯了似的折回来。

人们跌跌撞撞地向那木桥拥去。

木桥前，没腿深的水里，站着他们的党支部书记，那个全村人都拥戴的老汉。

老汉清瘦的脸上淌着雨水。他不说话，盯着乱哄哄的人们。他像一座山。

(1) 片段中的人物是__________和__________。

(2) 他们在哪些方面形成了鲜明的对比呢？（提示：可以从神态、动作等方面来回答）

(3) 这次冲突体现了老支书什么样的品质呢？

（二）分析环境，凸显小说背景

“一切景语皆情语”，环境描写是小说描写中重要的内容，环境描写有自然环境描写、社会环境描写。不管是什么样的环境描写，都是为了烘托气氛和突出人物鲜明的形象，通过关注环境描写的不同位置，分析环境描写的作用，感受人物形象。

1. 聚焦多次环境描写，推动情节发展

如，《桥》一课环境描写就像一条线串联了整个故事，可以设计这样的作业：

黎明的时候，雨突然大了。像泼。像倒。

死亡在洪水的狞笑声中逼近。

水渐渐蹿上来，放肆地舔着人们的腰。

木桥开始发抖，开始痛苦地呻吟。

（1）这些句子都是描写当时的____________。

（2）这些句子大量运用了____________、____________的修辞方法，渲染了____________的气氛。

（3）联系老支书在洪水中的表现，说一说这样描写的作用。

2. 对比环境描写，突出人物形象

比如，《穷人》一课的第一自然段，屋内的环境与屋外的环境形成鲜明的对比，就可以设计这样的作业：

（1）用横线画出屋外的环境，你想用哪些词语来形容？

（2）用波浪线画出屋内的环境，你想用哪些词语来形容？

（3）屋外的环境和屋内的环境形成鲜明的对比，在文中起什么作用？

3. 对比阅读多篇文章，体会环境妙用

对比阅读学习单					
课文	主要人物	事情	环境描写	位置	作用
《桥》					
《穷人》					
《小英雄雨来》					

环境描写在每篇课文中所处的位置不同，有的在开头，有的在中间，有的在结尾，有的贯穿于全文。位置不同，产生了不同的效果，有的交代了故事发生的背景；有的推动了情节的发展；有的做了铺垫；有的渲染环境氛围，烘托人物形象……这就是环境描写的作用。

（三）聚焦人物形象，体会语言表达

人物形象的刻画是小说的核心，但有不少学生只喜欢关注情节的发展，而忽略了人物形象，这样的阅读是片面的，小说的功用大打折扣。聚焦人物形象，留意人物的外貌、神态、动作、心理等描写，体会小说的语言之妙，至关重要。

1. 补白人物心理

《穷人》全文以桑娜的心理矛盾为主线，围绕收养西蒙的两个孤儿这件事，前后设置了两个悬念：渔夫是否平安回家？渔夫回家后是否同意收养两个孩子？抓住桑娜的内心活动，来设计以下练笔作业：

作业设计（一）

（1）桑娜把西蒙的孩子抱回了家，放在自己的床上，她的内心忐忑不安。

一个桑娜说：“他一定会怪罪我的，____________________”

另一个桑娜说：“不，他也是一个善良的人，______________________________”

一个桑娜说：“把孩子抱过来就意味着____________________”

另一个桑娜说：“如果我不把孩子抱来，____________________”

（2）生活中，你一定经历过自己忐忑不安或犹豫不决的事情。如，考试时，好朋友让你把答案给他抄，该不该给他抄呢？妈妈养了几只小鸡仔，你和小伙伴玩耍时，不小心踩死了一只，该不该向妈妈交代事情的真相？怎样向妈妈交代呢？请回忆自己的经历，写一写你当时的心理活动。

作业设计（二）

“是啊，是啊，”丈夫喃喃地说，“这天气真是活见鬼！可是有什么办法呢！”

两个人沉默了一阵。

沉默中，桑娜会想些什么呢？联系课文内容，写一写桑娜的心理活动。

学生从对桑娜忐忑不安的复杂心理描写，体会到了桑娜宁可自己吃苦，也要帮助别人的善良的心灵。

再如，《金色的鱼钩》一课中，作者将描写心理活动或心理感受的句子贯穿了全文，这些句子烘托了老班长的忠于革命、尽心尽责的品质。那就可以设计这样的作业：

读课文，画出文中心理活动的句子，并写到积累本上，赏析其中一两句话。

心理描写积累站

①我觉得好像有万根钢针扎着喉管，失声喊起来：“老班长，你怎么……”

②我端起搪瓷碗，觉得这个碗有千斤重，怎么也送不到嘴边。

……

赏析：第①句话用夸张的手法写了“我”当时的心理活动，老班长“紧皱眉头”硬咽草根和鱼骨头的一幕带给“我”的震撼，还有“我”对老班长的心疼和敬重。

2. 揣摩人物神态

神态描写是心理活动的折射，读懂人物的神态，就可能走进人物内心。

如，《金色的鱼钩》第 21～22 自然段，老班长命令战士喝鱼汤的情节中神情发生的变化。可以设计这样的作业：

(1) 画出课文中描写神态变化的词语，并填写到方框里。（下面方框内为填写内容提示）

笑 ⟶ 收敛了笑容，眉头拧成疙瘩 ⟶ 嘴边露出笑意

(2) 为什么会有变化？联系上下文写一写。从老班长的神态变化中你体会到了什么呢？

再如，《穷人》一课中渔夫回家后，神情发生了变化，渔夫神情的变化体现了渔夫的善良。可以设计这样的练笔作业：

读课文第 24 自然段，联系上下文，补充渔夫的心理活动。

渔夫皱起眉，他的脸变得严肃、忧虑。他想：______________________________。他搔搔后脑勺说："嗯，你看怎么办？得把他们抱来，同死人待在一起怎么行！"桑娜一动不动，渔夫看看桑娜，他想：______________________________。

他说："你放心，我再多打鱼，日子再难，也会熬过去的。"

3. 聚焦人物言行

老汉突然冲上前，从队伍里揪出一个小伙子，吼道："你还算是个党员吗？排到后面去！"老汉凶得像只豹子。

老汉吼道："少废话，快走。"他用力把小伙子推上木桥。

(1) 圈出文中描写老汉前后两次动作的词语。

(2) 老汉两次吼的原因分别是什么？

(3) 你从动作的描写和两次"吼"，体会到了什么？

(4) 练笔：选择一处，书写老支书一"揪"一"推"时的内心独白。

◇老汉突然冲上前，从队伍里揪出一个小伙子，此时此刻他想：________
____。

◇他用力把小伙子推上木桥，这时，他想：________________________。

设计这个作业的目的，是抓住情节冲突，进行人物的对比，用前后的勾连，衬托出人物鲜明的形象。

4. **设计人物名片**

本单元三篇课文《桥》《穷人》和《金色的鱼钩》中就有鲜明的人物形象，试着完成下面的人物名片吧。

人物：
特点：(1)
动作描写
示例：老汉突然上前，从队伍里揪出一个小伙子。

人物：
特点：(2)
心理描写
示例：自己也不知道为什么这样做，但是觉得非这样做不可。

人物：
特点：(3)
语言描写
示例：我一起锅就吃，比你们还先吃呢。

要求1，根据简介先将三位人物的名字填在名片里。

要求2，想一想下列哪个词语分别最符合三个人物的特点，请打√。

(1) A. 威严　　B. 严肃　　C. 不徇私情

(2) A. 淳朴　　B. 善良　　C. 舍己为人

(3) A. 忠诚　　B. 舍己为人　C. 可亲

要求 3，阅读了三篇课文之后，我们知道了小说一般有比较鲜明的人物形象。下列关于理解小说的人物形象中，错误的一项是（　　）

A. 留意人物的语言、动作、心理活动，可以帮助我们深入地理解人物形象。

B. 我们可以通过小说的情节感受人物形象。

C. 从桑娜把两个孤儿抱回家的情节中，可以体会到她的勤劳和勇敢。

D. 我们可以通过小说中的环境描写来理解人物形象。

单元整体作业设计，是以“人物名片形式”从人物、情节、环境三要素，综合考察小说的鉴赏能力，落实本单元的语文要素。

5. 书写人物简评

比如《桥》一课，通过对老汉的语言、动作等描写，学生感受到了老汉的高大形象，学生被老汉大公无私、舍己为人的品质深深感动。结合课文，让学生把对老汉的赞美用语言表达出来，教师可以设计以下练笔作业：

写出你心中的老支书

忘不了＿＿＿＿＿＿＿＿＿＿＿＿＿＿＿＿＿＿＿＿

忘不了＿＿＿＿＿＿＿＿＿＿＿＿＿＿＿＿＿＿＿＿

忘不了＿＿＿＿＿＿＿＿＿＿＿＿＿＿＿＿＿＿＿＿

（排比句）

老支书，你是村民的好支书。＿＿＿＿＿＿＿＿＿＿

＿＿＿＿＿＿＿＿＿＿＿＿＿＿＿＿＿＿＿＿＿＿＿＿

＿＿＿＿＿＿＿＿＿＿＿＿＿＿＿＿＿＿＿＿＿＿＿＿

（围绕中心句）

三、拓展阅读，赏析交流

统编教材语文六年级下册第四单元“快乐读书吧”栏目，围绕语文要素推荐了成长小说《童年》《爱的教育》《小英雄雨来》，学生通过习得的方法阅读整本书，以提高鉴赏水平。可以设计这样的作业：

作业主题：拓展阅读《爱的教育》，任选一项完成。

任务一：《爱的教育》书中有很多人物，为了厘清人物关系，设计人物关系图谱。

任务二：阅读《爱的教育》，展示阅读日记，选择印象最深的一篇分享。

我的阅读日记
（　　）月（　　）日　　天气（　　）　　心情颜色
今天我阅读了第（　　）章，阅读的故事是______ 我认识了______ 我的想法：______ 我的疑问：______

任务三：做一做人物名片。

姓名：______
爱好：______
性格特点：______
主要事迹：
______
______

四、设计优化，提升质量

（一）关注整体

本组作业是在“单元整组学习”的视域下设计的，因此，在作业使用时，也要体现单元的整体性，有效推进一体化学习。整个作业设计中有“贯通”“重组”“变序”“超越”，教学中，教师要根据每个项目作业的不同功能，融入单元学习过程中并灵活使用，逐步落实单元语文要素。

（二）关注能力

《义务教育语文课程标准》（2022 年版）倡导学习任务群的教学方式。本作业的设计，从任务群视角出发，围绕小说的三要素这一主要任务，构建了“人物形象”“情节”“环境描写”等子任务。几个任务之间，始终围绕塑造人物形象展开，强调用语文做事，注重语文能力的习得和提升。

（三）关注评价

在单元整体作业中，单元作业的批改与讲评环节是全方位、全过程的，强调诊断分析、及时反馈与针对指导，要发挥作业的诊断与补偿功能，既要关注作业的结果，更要关注作业过程，发挥作业多方面教育效益。

汇报交流类作业的设计

落实“双减”政策，提质增效是关键。这就要求教育回归校园教学主阵地，依托《义务教育语文课程标准》（2022年版），充分发挥语文课程育人功能，突出课程的时代性和典范性，不断创新优化作业设计，才能激发语文活力，为学生核心素养的落地赋能。

众所周知，汇报交流是语文教学实践活动中最重要的环节，是文化自信、语言运用、思维能力和审美创造的综合体现。汇报交流类作业设计，是通过教师搭建的语言交流学习平台，形成互动交流、思维碰撞、练习提升的“语言场”，激发学生的学习动力。

一、锚定目标，精准发力

（一）立足教材，统筹单元点

语文学科核心素养，包括“语言建构与运用、思维能力与提升、审美鉴赏与创造、文化传承与理解”四个方面。统编教材是语文学习的重要依托，在建构“立德树人”和“核心素养”落实上有重要作用，通过优化语文作业设计与实施，培养学生的必备品格和关键能力。

这就需要教师站在更高的角度和视野关注统编教材，以现有的单元编排为基础，渗透并应用大概念，给予学生真实的、全过程的任务驱动，将碎片化的知识和技能运用于汇报交流活动中。

（二）聚焦要素，厘清训练点

统编教材中对语文要素一般从阅读、表达和习惯三个维度来统筹规划，语文要素在教材中有较为明晰的标注，它所指向的语言训练点，直指语文课程标准的内容和要求。

在汇报交流作业设计中，一定要统筹一～六年级教材，厘清训练点，明晰各个学段的具体标准和要求，以终为始，在单元架构的基础上，设置符合学生能力和心理特点的任务，让学生在有意义的、有挑战性的真实情境任务中开展作业实践，有效提升思维和语言表达能力。

（三）确定任务，靶击进阶点

统编教材中各册、各单元、各部分的内容环环相扣，统一联动，从知识到方法再到综合运用，形成了一个大任务链。

在汇报交流作业设计前，要把学生真正放在课堂中央，充分考虑学生的思维进阶，做到心中有数。比如，哪些是本次学习中有价值的进阶点，有待重点突破；怎样统筹才能做到关注全部学生，哪些知识和方法需要前置，哪些地方需要巩固和提升等，要精准把握任务中的进阶点，汇报交流的作业设计才能更加实效。

二、重点突破，形式灵活

（一）朗读汇报交流

《义务教育语文课程标准》（2022 年版）对朗读的要求具体明晰并呈螺旋式上升趋势，如，第一学段是“学习用普通话正确、流利、有感情地朗读课文”，第二学段是“用普通话正确、流利、有感情地朗读课文”，第三学段是“熟练地用普通话正确、流利、有感情地朗读课文”。从“学习运用”到“熟练地用”，不同学段，针对不同的朗读基础提出不同的要求。通过练习，学生朗读的能力和水平应有持续提升，从而培育学生的朗读兴趣。创新形式多样的朗读汇报交流作业，能够帮助学生很好地实现这一目标。

如，小学低年级段，可以通过“教师范读、生生对读、有节奏读”等来改善学生朗读不熟练、没有轻重缓急的问题。中年级段，可以通过“抓出重点词句读、借助标点读、想象画面读、分角色读、联系实际读”等多种方式，督促学生在读中思考、读中理解、读中感悟，培养语感。高年级段，可以将多种方法综合运用。

1．古诗、文言文的朗读

不同的文体，采用的朗读形式也各不相同。古诗和文言文的朗读，依据文本特点，要读出特有的平仄、声韵和节律，体现意境之美。

如，统编教材语文四年级下册第六单元《囊萤夜读》，在课堂汇报交流中，就可以设置“做最美朗读者”的汇报交流活动，先用“叠读”“打节奏读”“唱读”等方式扶着学生学习，然后再放手让学生自由选择方式展示，作业设计如下：

（1）最美朗读者的舞台已经为大家搭好！评选马上开始！
　　提示要求：用自己喜欢的方式（回声读、变奏读、吟唱、叠读等）自由读；小组评，在四人小组内评出最美朗读者；展示读，形式可以多样。

（2）小组内自由练习，推荐展示。

（3）各小组选择不同的朗读方式展示，师生互动点评，评出“最美朗读者”。

2．一般性文学作品的朗读

记叙文、散文、童话、小说等题材的文学作品，叙事生动，形象鲜明，要采用引读、分角色朗读、抓关键词等方法，读出语言的逻辑节奏，读出故事变化的过程，读出不同人物的不同形象。

比如，统编教材语文五年级上册《慈母情深》一课，为了让学生从母亲工作环境的嘈杂中，感受到母亲养家的不易和辛苦，体味慈母情深，可以设计这样的朗读汇报展示：

(1) 请同学们圈出课文中能够体现母亲工作环境嘈杂的关键词，读一读。
(2) 三人小组内合作，分角色朗读，读出母亲工作环境的嘈杂感。
(3) 师生合作展示读，读出人物形象。

(二) 梳理汇报交流

小学中高年级教材中课文较长，围绕一个中心对每一篇课文进行梳理，就显得非常重要。汇报交流作业就要引导学生依托搭建的支架，如表格、思维导图等形式，提取关键词句，整体把握文章的主要内容。

比如，统编教材语文五年级上册《父爱之舟》，作者吴冠中写了自己梦中的许多场景，回忆了父亲对自己深沉的爱。

(1) 文中到底有哪些场景呢？请你再次快速默读《父爱之舟》课文，然后完成以下表格：

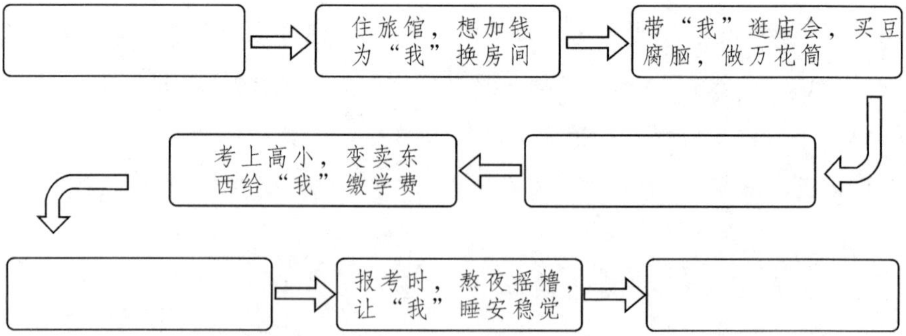

(2) 完成后，在三人小组内交流讨论，看看自己梳理出来的场景是否正确。
(3) 请一个小组进行全班交流汇报，其他小组做补充。

再如，《田螺姑娘》阅读推进课上，为了更好地感受鲜明的人物特点，将书中人物根据相似特点进行以下归类整理：

（1）用课件展示书中主要人物，引导学生归类整理。

相似特点	主要人物	我的理由

（2）学生小组内合作学习，完成表格。

（3）各小组交流汇报分类结果，谈一谈分类的理由。

（三）品悟汇报交流

新课标理念下，在品悟汇报交流类作业设计中，我们要以单元整组课文为单位，充分考虑人文主题和语文要素，品悟词句或者人物的形象。

如，统编教材语文四年级下册第七单元《囊萤夜读》，这一单元围绕“成长”这个主题编排了《文言文二则》等四篇课文，语文要素是“学习把握长文章的主要内容”，这篇文言文不是长文章，可以根据人文主题，设置学生对文字和人物形象的汇报交流作业：

（1）做优秀的故事讲述人。

下面，我们穿越到千年前的晋朝，走进车胤的家里，你看到一幅怎样的场景？你可以以车胤的口吻，也可以以其他人的口吻，讲一讲这个故事，做优秀的故事讲述人。

夏天的一个傍晚，天色渐暗，________________________，

____。

学生小组内练习，分别以不同的口吻讲故事，师生点评。

（2）故事讲得很精彩！此时此刻，大家有什么话想说？（提示：语言或人物形象方面）

预设：

文言文的确是言简义丰，短短的33个字，给我们创设了丰富的想象空间。我觉得车胤真是一个恭勤不倦、博学多通的人！我要向他学习！

（3）是啊，《囊萤夜读》的故事流传至今，带给我们丰厚的文化和精神给养，请同学们认认真真地把“恭勤不倦 博学多通”这八个字写到锦囊书签上。

再如，统编教材语文四年级上册第四单元是神话故事单元，语文要素之一是“感受神话中神奇的想象和鲜明的人物形象”。神话故事喜欢用夸张离奇的情节来表现人物形象，在体会普罗米修斯的人物形象时，可以设置这样的汇报交流作业：

（1）读课文，找一找文中描写普罗米修斯的语句，用横线画出来，边读边想象。

（2）从中，你看到一位怎样的普罗米修斯？（提示：勇敢、善良、不畏权势、不屈不挠等）

（3）你是通过课文中哪些关键词句体会到的？请你圈一圈，有感情地读一读。先在小组内交流，稍后我们来汇报交流。

（4）汇报交流。

预设：

抓住普罗米修斯盗取火种时“跑”“拿”的动作，通过想象画面，感受普罗米修斯是如何不畏艰难，为人类盗取火种的。

抓住文中对普罗米修斯的语言和动作描写，感受到普罗米修斯不愿归还火种的坚定与不畏权势。

抓住“死死地”“既……也……”“尖利”“啄食”等关键词，感受普罗米修斯为人类遭受的巨大痛苦，却依然不屈不挠。

（四）拓展汇报交流

“义务教育语文课程实施，从学生语文生活实际出发，创设丰富多样的语言情境，设计富有挑战性的学习任务，激发学生的好奇心、想象力、求知欲，促进学生自主、合作、探究学习。”拓展性作业的汇报交流，更加注重调动学生知识储备，促进提升学生语文能力。

如，统编教材语文四年级下册第六单元《囊萤夜读》一课学习结束之后，可以让学生搜集整理历史上关于勤学苦读的文言文故事，练习用文言文学习的方法，讲好他们的故事，学习他们的精神。具体作业设计和汇报交流环节如下：

(1) 同学们，历史上像这样关于古人勤学苦读的故事还有很多，“语文园地”里的“词句段运用”栏目列出了一些，请你选择两三个，按照以下要求学习，三天后，举办“勤学故事大会”。

学习步骤：

第一步，搜集自己最感兴趣的故事的文言文，用所学的方法来理解它。

第二步，试着用自己的话绘声绘色地讲故事，把视频发到社团群；以学习社团为单位，每个社团选拔出 2～3 位同学参加全班故事会。

第三步，推荐参加全班故事会的同学，可以借助现代信息技术，制作小视频或 PPT，参加“勤学故事大会”，评选“勤学故事大王”。

(2) 举办“勤学故事大会”，讲述人上台讲“勤学故事”，评选出“勤学故事大王”。

“勤学故事大会”会务组可以设总导演、剧务、主持人等，并提前选拔产生。

三、统筹协调，凸显成效

作业是教育教学的一个重要环节，起到总结、反馈、评价、激励等作用。优质的作业要体现教学重难点，关联教材前后内容，照顾到全体学生。因此，在作业的设计与使用中，要做好统筹协调，为了凸显成效，特别要注意以下两点：

（一）基于学生立场

有效的作业一定要能够与学生内心产生互动，符合学生的心理期待，让学生跳起来才能摘到桃子。设计汇报交流作业时，要立足学情，充分了解学生的学习基础和认知发展水平，倾听学生的需求，协助每个学生找到适合自己的作业赛道。

（二）注意分层设计

在汇报交流作业设计中，将学生的日常生活和未来社会生存发展需要的基本素养对接，促进每个学生提升合作、探究、反思、创造、表达等方面的综合能力，使其成为全面发展的人。因此，作业设计要充分尊重学生的个体差异，做到人人可参与，既给学有余力的学生留有挑战的空间，又对心有余而力不足的学生适当放宽要求。

小学低年级段创意表达类作业的设计

《义务教育语文课程标准》（2022 年版）指出，“核心素养是学生通过课程学习逐步形成的正确价值观、必备品格和关键能力。”创意表达能力区别于一般的口语表达和书面表达能力，是基于原有表达能力的再提升、再发展，旨在培养学生有意识地创新个性化表达，激发创造潜能，丰富语言经验，提高语言的表现力和创造力。“双减”政策的落地更要求创新作业设计，提高作业兴趣。创意表达类作业无疑为培养语言直觉、培养表达自信、提升思维能力打开了一扇天窗，让语文学习更好地指向核心素养。

一、遵循原则，梯度呈现

（一）由说到写，循序渐进

学生的创意表达以语言文字运用为基础，在个体语言经验发展中得以实现。它需要调动学生原有的语言储备，在不同情境中先发展口头表达能力，厘清逻辑思维，增强表达的勇气和自信心，再落实到书面表达。所以，在创意表达类作业设计时要注重由说到写，循序渐进地提升表达能力。

（二）由内到外，关联生活

学生独特的个人体验是创意表达的前提，此类作业要关联学生的生活体验，唤醒主人翁意识，由课内延伸到课外，让语言表达贯穿语文学习的始终，不断提高语言应用能力。

统编教材语文二年级下册《千人糕》一课课后第二题，学生弄清楚了“千人糕”的来历之后，联系生活实际选择，如穿的衣服、用的文具等，说一说都经过了哪些人怎样的劳动。学生通过查阅大量资料，对“千人衣”所需的劳动有了了解，采用自制课件、绘图等方式，边展示边讲述种棉花、摘棉花、纺纱、织布、服装加工、销售等过程，树立珍爱劳动成果的意识。

（三）由点到面，开拓思维

统编语文教材中呈现的往往是创意表达的一个点，要最大化地实现创意表达快速提升，就可以把点化面，拓宽思维，创设情境，制造更多的表达机会，深刻挖掘创意表达潜能。

如，统编教材语文二年级下册《开满鲜花的小路》一课，可以这样设计作业：

课文中“美好的礼物”指的是什么？生活中还有什么也是美好的礼物？重点了解生活中还有哪些美好的礼物。

通过生生讨论、师生讨论，认识到能给他人带去快乐和温暖的礼物就是美好的礼物。

展示贫困山区孩子在寒冬里收到捐送棉衣的图片，贴心的孩子为劳累一天的妈妈端来热气腾腾的洗脚水的图片，人们春日里在公园参加植树活动的图片等，创设美好情境，说说自己收到过的最美的礼物是什么，以“最美的礼物”为题写几句话。

二、建构支架，不落俗套

（一）内容开放，培养兴趣

每个学生都是独一无二的个体，其基础各不相同，创新作业设计应使每个学生在原有基础上得到最好的发展。这就需要在作业设计上根据表达要素，开放内容，形成连贯的表达梯度，使各程度的学生都能得到有效训练。对于学习较困难的学生，适当减少他们的作业量或降低作业难度，让每个学生跳一跳就能“摘到桃子”，给学生提供选择作业的权利，点燃思维火花，品味成功的喜悦，激发学习兴趣。

如，统编教材语文二年级上册《葡萄沟》一课的课后可以设置这样的作业超市：

(1) 结合课文内容和所查资料，说一说葡萄干是怎样制成的。

(2) 用你的巧手，画一幅葡萄沟丰收景象的画儿吧！

(3) 你愿意当一名小导游，把葡萄沟介绍给大家吗？快来试一试吧！

(4) 介绍一种熟悉的水果，记得用上你积累的词语和句式哦！能干的小朋友还可以把它写下来。

学生可以从作业超市中选择最感兴趣、最擅长的一两项进行创意表达，开发智力，拓宽知识面，满足其内在需求，培养不同层面的创意表达能力。

(二) 形式多元，不拘一格

单一的作业形式容易让学生感觉枯燥，丧失学习兴趣，甚至产生厌倦心理。故而，发挥学生主观能动性，多元化设计创意表达类作业十分必要。尤其是小学低年级段更应摒弃呆板生硬的作业，活泼有趣的作业才能有效激发学生的求知欲。

1. 讲一讲

通过“我是小导游”“我是故事大王”等活动形式，能够让学生体验沉浸式讲述，通过设置不同情境或竞赛活动，让学生有创意表达的意愿。

如，统编教材语文二年级上册第四单元围绕“家乡”这个主题，编排了《登鹳雀楼》《望庐山瀑布》两首古诗和《黄山奇石》《日月潭》《葡萄沟》三篇课文，都表现了祖国的辽阔和美丽。可以针对后三篇课文设计“我是小导游”活动，用上文中独特的词汇和表达方式，分别介绍黄山奇石、日月潭、葡萄沟的美丽。同样，统编教材语文三年级上册第六单元围绕“祖国河山”主题编排的后三篇课文，也可以设计“我是小导游”活动，分别介绍美丽的西沙群岛、海滨小城、小兴安岭。

又如，统编教材语文二年级上册第五单元围绕“思维方式”这一主题编排了《坐井观天》《寒号鸟》《我要的是葫芦》三篇课文，故事短小，形象鲜明，情节有趣，教师可以设计“我是故事大王”活动，让学生讲讲这三个故事。同样，第六单元围绕“伟大的人物”这一主题编排了《八角楼上》《朱德的扁担》《难忘的泼水节》《刘胡兰》四篇人物故事，也可以设计“我是故事大王”活动来讲述这些故事。除此之外，统编教材中还有许多故事性较强的课文，都可以用这样的方式讲一讲，以提升学生的表达能力。

需要注意的是，这里的“讲一讲”并非随意讲述，而是借鉴课文中新颖的词语、独特的句式等，将其内化为自己的语言，尽可能创造性地讲述出来。这样，才能达到积累语言、运用语言的效果，体现活动的最大价值。

2. 演一演

学生天性活泼好动，有极强的模仿力，对喜欢的故事，他们十分乐意用表演来展示人物思想、品质等。通过再现人物神态、动作、语言，还原故事场景，进一步加深学生对文本的理解，以达成学习目标，培养核心素养。

如，在教完《曹冲称象》一课后，可以设计让学生演课本剧，并以此为契机，在校内教育戏剧展演中将其搬上学校大舞台。在一遍遍排演的过程中，学生对曹冲善于观察、爱动脑筋、大胆表达想法的品质有了更深刻的认识，创造性地再现了故事情节，使学生的思维品质和关键能力得以发展。

又如，《小蝌蚪找妈妈》《狐假虎威》《青蛙卖泥塘》等学生非常感兴趣的课文，也可以在分角色朗读的基础上进行课本剧排演，创造更多机会让学生参与进来，激发学生学习的内驱力。可以在演出后评选“最佳小演员”“演出小明星”等，激发学生的积极性，提高学习兴趣。

3. 编一编

语文学习的根本价值在于生活实践的语言运用。每个学生都有一双慧眼，他们在生活中发现了和课文中相似的事物，能够引起情感共鸣。为了迁移运用，实践积累，可以从仿写着手，让学生参与到创编儿童诗和有趣的故事中来，发挥想象，感受文学之美，推动学生多元表达。

如，统编教材语文二年级上册《植物妈妈有办法》一课的课后安排了选做题：你还知道哪些植物传播种子的方法？结合图片，选用给出的词语，仿照课文说一说。教师可以给学生补充相关的知识，如柳树借助风来传播种子，种子上有白色的毛状物，即柳絮。柳絮带着种子随风飘散，遇到适宜的环境就生根发芽。故设计以下填空：

__________妈妈有个好办法，
她________________。
只要_______________，
孩子们就_____________。

又如，统编教材语文二年级下册《祖先的摇篮》一课的课后第二题："想象一下，在祖先的摇篮里，人们还会做什么？仿照第 2 小节或第 3 小节说一说。"本题意在让学生展开想象，进行创意表达训练。教师可以结合第三题提供的词语说一说、写一写，设计作业如下：

我想——
我们的祖先，
可曾____________
____________，
____________？
可曾____________
____________，
____________？

4．做一做

根据表达要素，以学生喜欢的手抄报、思维导图、记录卡、研究报告、创意指南等新颖形式梳理思维碎片，帮助学生养成良好的表达习惯和善于思考、及时总结的好习惯，逐步形成有序的创意表达。

如，学完统编教材语文二年级下册《中国美食》之后，可以设计这样的作业：

家乡风味美食，有的制作工艺极其巧妙，口味也很独特，请找一个相关人员采访，并做一份宣传卡记录宣传。也可以记录亲朋好友制作某种美食的过程，做一张美食单，要加上文字说明哦！

5. 画一画

语文学习具有实践性，它以真实而富有意义的学习情境为前提，整合关键的语文知识和能力，建设开放的语文学习途径，激发学生探究问题的兴趣，引导学生多样化地学习并运用语言文字，发掘自身潜能，为创造性学习提供条件。

如统编教材语文二年级下册第一单元，教师可以大单元为背景围绕“找春天”这样设计作业：

春天多美呀，它还藏在哪里呢？快快走出家门，去欣赏遍地的春色。

(1) 为春作一首小诗，让这个春天里的人、花、草、鸟、虫，定格在诗中；

(2) 为春寻一位诗人，摘抄一首好诗词，附上一段自己欣赏的文字；

(3) 为春画一幅画，让春天永驻，不会消失。

(三) 角度新颖，独具匠心

不同的角度就有不一样的视野，不一样的视野带来不一样的体验。全方位设计、全视角体验，匠心独运，可以从主要人物、主要事件出发，也可以从次要人物、次要事件入手；可以从正面叙述，也可以从反面切入，都别有一番趣味。

如，统编教材语文三年级上册《在牛肚子里旅行》一课针对课后第三题，可以这样设计作业：

红头的旅行真是惊险万分。假如你是红头，你怎么把这件事讲给别人听呢？

又如，《掌声》一课针对课后第三题，设计作业如下：

如果是英子自己来讲这个故事，她会怎样讲呢？请站在英子的角度从第 2～4 自然段中任选一段来讲讲。

三、重视评价，提升能力

（一）突出过程性评价

过程性评价贯穿于语文学习的全过程，有助于及时改进教与学。教师要有意识地利用过程性评价，发现学生在表达中的特点和问题，提出有针对性的指导意见，促进学生反思，改进不足。但是评价过程中要特别重视保护学生的求知欲，让学生成长为有创意的积极表达者。

（二）重视课堂教学评价

树立较强的“教—学—评”一体化意识，提前设计好评价量表，明确评价标准，正确、合理地使用评价工具，形成公平、公正的评价结果。多多关注评价过程中学生的思维方式、认知过程、情感变化等表现，分析原因并及时给予指导。

（三）综合运用多种方法评价

运用生生合作评、小组展示评、师生共评等多种评价方法，增强评价的科学性和整体性。教师要观察各小组成员的分工、合作情况，对于不同意见的处理情况。组织互评后，教师要进行再评价，提出相关建议，促进学生核心素养的发展。

童话、寓言赏析类作业的设计

在奇妙的童话王国里，小蝌蚪四处寻找自己的妈妈，小壁虎向别的动物借尾巴，蜘蛛能开店，蟋蟀可以在牛肚子里旅行，一粒种子也有自己的梦想……在这里，一切都有可能发生，一切都妙不可言。

寓言和童话有很多相似之处：它们的故事都是假托的、创造的、幻想的，都可以采用各种生物或非生物来充当故事的角色，也都富有教育意义。童话和寓言在小学语文统编教材低中年级段占有一定的分量。

《义务教育语文课程标准》（2022 年版）指出，语文教学要“立足学生核心素养发展，充分发挥语文课程育人功能”。精心设计的赏析类作业可以让学生通过积极的语言实践，积累语言经验，体会语言文字的特点和运用规律，培养学生语言文字运用能力，形成高雅的审美情趣，发展学生的思维能力和想象能力，形成积极的价值取向。

一、增强意识，明确目标

童话和寓言故事的选编内容难度是梯度上升的，比如，低年级段入编的主要是篇幅短小的故事，中年级段慢慢过渡到篇幅较长、趣味性较强的童话、寓言，高年级段则开始让学生接触长篇故事。教师要明确各年级段所承载的任务，紧紧围绕课后习题和单元语文要素，精心设计适合学生年龄特点的作业，切不可拔高要求。

学生是课堂的主人，教师要关注个体差异和学习需求，根据学生的年龄特点，选择学生喜欢的方式开展活动，使学生愿学、乐学。

二、精心设计，搭建支架

（一）多样朗读，感受想象

统编小学语文教材中的每篇童话和寓言都对“读”提出了要求，有的是要求朗读课文，有的是要求分角色朗读课文，有的是要求默读课文。可见，童话、寓言承载着培养学生朗读能力的任务，让学生通过不同形式读出人物形象，读出文章中的神奇想象，在朗读中培养语感、积累语言，理解和感悟内容，在朗读中培养学生的思维、想象能力和审美意识，从而形成正确的人生观、价值观。

《义务教育语文课程标准》（2022 年版）对朗读的要求具体明晰，螺旋式上升。第一学段是：“喜欢阅读，感受阅读的乐趣。学习用普通话正确、流利、有感情地朗读课文。学习默读。”第二学段是：“用普通话正确、流利、有感情地朗读课文。初步学会默读，做到不出声，不指读。”第三学段是：“熟练地用普通话正确、流利、有感情地朗读课文。默读有一定的速度。”从“学习用”到“用”，再到“熟练地用”普通话朗读课文，默读从“学习”到“初步学会”，再到“有一定的速度”。教师要根据不同学段对于朗读的不同要求，创新丰富多样的朗读赏析作业，采用范读、领读、分角色读、表演读等形式，让学生感悟文体特点，感悟人物形象，学习语言，积累语言。

如统编教材语文二年级下册《小马过河》一课，课后第一题要求：“分角色朗读课文，注意读出恰当的语气。”在课堂上，要抓住“?”“!”等标点符号，还有“连蹦带跳”“为难了”“大叫”“吃惊”等提示语，指导学生朗读。为了进一步激发学生的朗读兴趣，可以设计“招聘播音员”活动的作业：

（1）同学们，我们学校的红领巾广播室又开始招聘播音员了，播音员的评选条件有以下几条：

①能正确、流利地朗读。不掉字、不添字、不读错字。

②能有感情地朗读，读好停顿、重音和恰当的语气。

(2) 出示任务：给动画片《小马过河》配音。

①三人小组内合作，分角色朗读，读出恰当的语气。

②出示动画片《小马过河》，小组内展示读，读出恰当的语气。

③全班交流汇报读，教师评论指导。

(3) 家庭作业：我为动画片《小马过河》来配音。音频发班级微信群，择优发布于班级公众号。

联系实际，创设真实的情境，以任务驱动激发学生朗读兴趣，使学生愿意为他人朗读，能正确使用普通话，注意发音，注意用语气、语调和节奏，表现故事神奇的想象力，表达对文本的理解和感受。这样，既符合课标要求，也落实了语文核心素养。

（二）表演激趣，体会想象

表演是学生最喜欢的语文活动之一，在熟悉的语言和课文内容的基础上，把抽象的字词转化为直观形象的动作、神态、语言。既可以表演关键的、难理解的词语，也可以表演整篇文章。如在统编教材语文二年级上册《狐假虎威》一课中，有几个词语比较难理解，就可以设计表演作业：

(1) 出示：神气活现、摇头摆尾、半信半疑、东张西望、大摇大摆等成语。读一读7、8自然段，看看这些词语哪些是描写狐狸的，哪些是描写老虎的。给这些词语分类。

(2) 仔细观看插图，狐狸是什么样的？（神气活现、摇头摆尾）

预设：头抬得高高的，眼神向上挑着，头也摇起来了，尾巴也摆起来了，手和脚都做着大幅度的动作，得意极了！

(站起来，学学狐狸的样子吧!)

那老虎呢？（半信半疑、东张西望）仔细看插图。

预设：嘴微张着，眼瞪着，有点相信又有点不信。还东看看，西望望，到底是不是在骗“我”啊？

(3) 请两名学生分别扮演老虎和狐狸，评论一下，他们有没有把这几个词语的意思表现出来？

此表演作业设计，是借助插图帮助学生理解词语意思，并用肢体语言把词语形象地表演出来，再创了人物形象，感受了人物特点，为更好地理解寓意做好铺垫。

为突破关键词语等重难点，还可以创设情境，设计整篇文章的表演作业：

(1) 发布任务：观看图片，这是我们去年校内教育戏剧演出时的情景，还记得吗？演得特别棒！说说你表演教育戏剧有什么秘诀？

(2) 学生展示表演秘诀。

表演秘诀

读熟剧本	☆
看提示语	☆☆
加上动作	☆☆☆
模仿声音和表情	☆☆☆☆

(3) 今年的校内教育戏剧节又开始啦！咱们就表演《狐假虎威》这个小故事，今天先来练一练吧！

自由组合，排练课本剧。(可以戴上故事中角色的头饰，穿上具有故事角色特点的服装)

(4) 展演，评价。评出“形象最佳小演员”“最有创意小演员”。

课本剧的表演，使学生在文本与心灵的对话中，在故事中走了一回，身临其境地理解角色的心理，增强情感体验。在表演的同时，还能内化和积累生动的语言，感受鲜明有趣的形象，与文本中的情感变化产生共鸣，更能欣赏、体味故事的教育价值，从而达到教书育人的目标。

（三）用心绘画，发挥想象

小学生大都是表象思维，对事物形象的理解仍离不开具体事物的支撑，统编小学语文教材中大多数课文都配有惟妙惟肖的彩色绘图，教师要充分利用插图，指导学生理解课文，引发学生想象，进入文本所描述的故事；还要结合学生爱画画的特点，引导学生用画笔描绘出自己对文本的认识和理解。小学低年级可以开展“我为喜欢的人物画像”“我为课文画插图”“经典故事邮票”等单幅画的作业设计，小学中高年级可以设计“寓言故事扑克牌”“我为课文画连环画”等作业。

如统编教材语文二年级下册《蜘蛛开店》一课中，有三幅插图，即蜘蛛给大嘴巴的河马织口罩图、蜘蛛给长脖子的长颈鹿织围巾图、蜘蛛在蜘蛛网上害怕地看着面前的蜈蚣图，可以根据这三幅图这样设计作业：

（1）同学们，蜘蛛开店，迎来了三位顾客，你最喜欢哪位顾客？请用画笔画一画。

（2）蜘蛛开店，还可能迎来其他顾客，它们可能是谁呢？请你发挥想象，为蜘蛛的店迎来第四位顾客。

再如，统编教材语文四年级下册《巨人的花园》一课，课后有习题“朗读课文，边读边想象画面”，可以这样设计作业：

（1）朗读课文，说说课文写了哪些画面。

预设：巨人外出，美丽的花园洋溢着孩子们欢乐的笑声——巨人归来，撵走孩子，砌起高墙，挂布告牌——春天来了，乡下美景——花园景色——巨人盼望春天——巨人看到奇特景象——巨人后悔，帮助小男孩——巨人拆除围墙——孩子们回归花园玩耍。

（2）按照时间的顺序，把你想象到的画面画出来。

（3）按照你的连环画，把故事讲给别人听，可以加入自己的想象。

其实，学生绘画的过程就是把课文的语言通过想象转化为画面，又通过看画讲故事，极大地激发了学生的想象能力、创造能力和语言表达能力。

（四）复述故事，放飞想象

《义务教育语文课程标准》（2022年版）“拓展型学习任务群”提出：第一学段的学生，“阅读自己喜欢的童话书，想象故事中的画面，学习讲述书中的故事”。童话和寓言本身就是一种口耳相传的文学作品，具有容易复述的特征。复述故事就是常见的讲述形式。复述故事就是把这个故事重新讲一遍，但不是照搬课文，这是对课文内容、语言、情节、思想的再创造。学生在复述故事的过程中，就要思考故事的内容，怎样完整地把这个故事讲出来，需要孩子调动多种感官，组织语言，勇于表达，提高自己学习语文的自信。

童话类文章的课后有很多复述的方法提示，如按顺序把下面的图片连起来，再讲故事《小蝌蚪找妈妈》；根据提示讲故事《风娃娃》；试着用下面的词语，讲讲《小马过河》这个故事；根据示意图讲讲《蜘蛛开店》这个故事；借助提示讲故事《小毛虫》；画旅行路线图，再讲故事《在牛肚子里旅行》；借助表格复述故事《慢性子裁缝和急性子顾客》；《方帽子店》课文中哪部分内容是自己最意想不到的，再用自己的话复述这部分课文内容……我们可以设计这样的复述作业：

（1）有趣的故事，大家都喜欢听，我们学校要召开“趣味故事会”，请大家都来讲讲有趣的故事。

（2）选一个有趣的故事，多读几遍。

（3）展示复述的方法，学生们选自己喜欢的方式，记忆内容。

（4）练习讲（或用“童话接力棒”的形式，几人自由组合，接力讲一个故事），自己试着讲，给爸爸妈妈讲、给同学朋友讲，录视频讲，请听众们提提意见，怎么讲更吸引人，如语气、表情、手势……

（5）召开“趣味故事会”，评出“故事大王”“最美故事讲述人”。

（五）新编故事，创造想象

寓言和童话的最大特点是运用拟人、夸张、象征的手法，叙述故事，表达情感。所以，教师要深入挖掘故事中的空白点、延伸点，合理想象，再创情境，丰满故事情节。

1. 仿编故事

如统编教材语文一年级下册《小壁虎借尾巴》课文中故事情节相似，语言反复，就可以这样设计作业：

（1）想象：后来又有一只小壁虎一不小心断了尾巴，它会向谁去借尾巴呢？（公鸡、松鼠、孔雀、猫、袋鼠……）

（2）争当小作家：请你回家查查资料，用下面的句式写一段话吧。

小壁虎爬呀爬，爬到（　　　　）上。他看见（　　　　）甩着尾巴在树下（　　　　）。小壁虎说："（　　　　），您把尾巴借给我行吗？"（　　　　）说："不行啊，我要用尾巴（　　　　）呢。"

2. 创编故事

抓住文章中的空白点、省略号去发挥想象力。

如，统编教材语文三年级上册《一块奶酪》课文中有这样的一段话：

这时，奶酪旁边只有蚂蚁队长，它要是偷嘴，谁也看不见。它低下头，嗅嗅那点儿奶酪渣，味道真香！可是，它犹豫了一会儿，终于一跺脚："注意啦，全体都有。稍息！立正！向后——转！齐步——走！"

就可以这样设计作业：

蚂蚁队长是在什么和什么之间犹豫呢？联系上下文想象一下，它此时心里是怎么想的，写下来。

再如，统编教材语文四年级下册《宝葫芦的秘密》课后第二题是：“奶奶给王葆讲了哪些故事？选一个，根据已有内容创编故事，讲给同学听。”可以设计这样的作业：

(1) 朗读课文第16、17自然段，说一说奶奶讲的“宝葫芦的故事”中，主人公分别是怎样得到宝葫芦的？

预测：张三的宝葫芦由神仙相赠，李四的宝葫芦从龙宫得来，王五听奶奶的话得到了宝葫芦，赵六的宝葫芦是掘地掘出来的。

(2) 所有的故事都有一个美好的结局，这个结局是什么？

预测：要什么有什么，过上了好日子。

(3) 总结，奶奶是如何讲故事的？

预测：先讲宝葫芦的来历，再讲宝葫芦的作用，最后讲到宝葫芦的结局。

(4) 想象具体情节，创编宝葫芦的故事。

这样创编故事，想象对话，使故事情节更丰满，人物特点更突出，有助于引起学生情感的共鸣，体味故事的教育价值，达到育人的效果。

3. 续编故事

“猜测与推想，使我们的阅读之旅充满了乐趣。”统编教材语文三年级上册第四单元是预测单元，每篇文章都有预测方法的指导，学生可以随时预测故事的发展和结局，如《总也倒不了的老屋》结尾：小蜘蛛的故事一直没讲完……它还会讲哪些故事？《胡萝卜先生的长胡子》结尾是……故事还没结束，后来可能还会发生什么事情？《小狗学叫》想一想，故事的结局可能是什么？学生的预测就是对故事的再造，续编故事可以让学生的想象力得到激发。

根据故事的结局，想象以后发生的事情。如统编教材语文二年级上册寓言故事《坐井观天》，就可以设计这样的作业：

(1) 一天青蛙真的跳出井口，它会看到什么，想些什么，会对小鸟说什么呢？

(2) 学生分小组合作学习，续编第四次对话，并分角色读一读。（展示：葡萄沟、黄山、草原、瀑布等地方。让孩子学会学以致用，将前面的单元课文内化成自己的语言）

还可以角色互换，再造故事。如，统编教材语文三年级下册《慢性子裁缝和急性子顾客》一课，假如裁缝是急性子，顾客是慢性子，他们之间又会发生怎样的故事呢？让学生在原课文的理解上，充分发挥自己的想象。

续编故事作业的设计，可以让学生在阅读和赏析故事的同时，尽情展开想象的翅膀，在学用结合、激情写作中，展示才华和个性。

（六）拓展阅读，丰富想象

童话和寓言常常通过生动有趣的故事讲述一个道理，是学生学习语言、感受情感、培养想象力的载体。所以，不能仅仅满足于课本上的几篇文章，要开展多种活动激发学生的阅读兴趣，如亲子阅读、读书交流会、好书推荐会等活动，利用教材中设置的“和大人一起读”专栏、“快乐读书吧”专栏、课后的“资料袋”栏目，促进课外与课内的衔接。通过多种形式，让学生爱读书、读好书，增强阅读意识。教师可以根据教材特点，适时地给学生推荐一些课外书。

如，学完《我是什么》可以推荐其他有关水的童话；学完《坐井观天》《狐假虎威》可以推荐其他寓言故事和成语故事；学完《守株待兔》可以推荐《韩非子》《战国策》；学完《鹿角和鹿腿》可以推荐《伊索寓言》；学完《巨人的花园》可以推荐《王尔德童话》；学完《宝葫芦的秘密》可以推荐《大林和小林》；学完《卖火柴的小女孩》《海的女儿》可以推荐《安徒生童话》《格林童话》《稻草人》；学完《风娃娃》《雾在哪里》可以推荐《虫虫圆梦记》《灰尘的旅行》等科普童话……

让学生在大量的拓展阅读中进一步丰富想象力，养成良好的阅读习惯，提高整体认知能力，丰富精神世界。

（七）辩论赛中悟寓意

寓言和童话都有教育意义，蕴含着一定的哲理。真理不辩不明，所以，我们可以设计辩论赛的作业，促使学生在思考中明理。

如，统编教材语文三年级下册第二单元寓言故事《鹿角和鹿腿》，课后第三题是这样的：

> 下面的说法，你赞成哪一种？说说你的理由。
> ◇美丽的鹿角不重要，实用的鹿腿才是重要的。
> ◇鹿角和鹿腿都很重要，它们各有各的长处。

这个理由就是本课的寓意，关系学生价值观、人生观的形成，而大道理又不能生硬地灌输，只有在学生思辨中得到的结论才能深入人心，于是可以这样设计辩论赛作业：

> 辩论主题：美丽的鹿角重要，还是实用的鹿腿重要？
> 正方观点：美丽的鹿角不重要，实用的鹿腿才是重要的。
> 反方观点：鹿角和鹿腿都很重要，它们各有各的长处。

辩论赛前期准备工作：

第一步，思考，选择自己的观点，自由加入正方或反方的队伍。

第二步，广泛搜集实例，增加论据。

第三步，形成论点，自由练习直至熟练。

第四步，小组结合，组内推选代表。

第五步，各组代表参加终极辩论赛。

再如，这一单元的《池子与河流》的寓意比较难理解，可以根据学生的特点设计以下作业：

池子和河流都认为自己的观点正确，它们谁也不服谁，于是，请来了黑猫警长来为他们断案，假如你就是池子或河流，你会怎样向黑猫警长陈述你的观点呢？

第一步，表达自己的观点。

第二步，搜集资料证明自己的观点。

第三步，设立“班级法庭”（可邀请老师、家长或学校的法律顾问来参加），陈述自己的观点。要有理有据。

第四步，“班级法庭”法官断案，评定对错，还可以在家长的帮助下写出判决书。

三、优化策略，促进高效

要有充足的时间完成作业。比如课本剧的表演、趣味故事会的准备、连环画的制作、辩论赛的准备，都要让学生有充分的时间研读、思考，做好准备。

作业的形式要多样化、趣味化。有读、演、说、讲、写等不同形式的作业，如，读的作业也要有范读、领读、分角色读、戴头饰读、配音读……教师要提供展示学生作业的各种平台。

作业评价要多元，尊重学生独特想象。爱因斯坦说：“想象力比知识更重要，因为知识是有限的，而想象力概括着世界上的一切，推动着进步，并且是知识进化的源泉。”只要学生的世界观、价值观不偏差，与文本的审美价值和育人价值不偏离，任何大胆的想象都应该鼓励。

小学中高年级段创意表达类作业的设计

《义务教育语文课程标准》（2022年版）指出，语文学习要通过积极的语言实践，积累语言经验，体会语言文字的特点和运用规律，培养语言文字运用能力，从而使学生的语文核心素养得到发展。语文学习是一个输入和输出交替进行、相互促进的过程，阅读就是输入，表达和写作就是输出。

因此，读写结合是小学语文教学中的一种重要的学习方式，设计高效的读写结合、创意表达作业，有助于激发学生阅读与写作的兴趣，有助于学生积累和掌握规范的语言，从而全面提升学生的语文核心素养。

一、树立观念，明确目标

（一）树立核心素养的观念，明确育人目标

语文课程致力于全体学生核心素养的形成与发展，为学生学好其他课程打下基础；为学生形成正确的世界观、人生观、价值观，形成良好个性和健全人格打下基础；为培养学生求真创新的精神、实践能力和合作交流能力，促进德智体美劳全面发展及学生的终身发展打下基础。因此，学生要通过语文学习，通过读写结合创意作业，学习语言文字，形成正确的价值取向，促进核心素养的全面发展。

（二）树立全局观念，明确备课目标

教师必须熟悉整个小学阶段的语文教材内容，熟知各个学段的语文要素、写作要素，对螺旋式上升的阶梯要做到心中有数，设计作业时才会有目的、有层次，符合学生的年龄特点和能力特点，对学生能力的培养才会循序渐进、有

效果。统编小学语文教材对“表达与交流”这一语文要素安排了序列式的训练：第一学段，“在写话中乐于运用阅读和生活中学到的词语”；第二学段，“尝试在习作中运用自己平时积累的语言材料，特别是有新鲜感的词句”；第三学段，“能写简单的纪实作文和想象作文，内容具体，感情真实。能根据内容表达的需要，分段表述。学写读书笔记，学写常见应用文”。在设计作业时，要根据不同学段的不同要求，以及单元要素和课后习题，设计适宜的读写结合的作业。

二、找准训练点，搭建作业支架

（一）关注语言，感悟写法

设计作业时，要围绕单元语文要素，引导学生关注关键词、句、段，通过品读感悟，精准把控知识重难点，训练学生对语言文字的品评能力，积累语言，运用语言。

如统编教材语文三年级上册第一单元的语文要素是“关注有新鲜感的词语和句子”，在《大青树下的小学》一课中，可以抓住有特点的语段体会“有新鲜感的词语”，让孩子感悟：

早晨，从山坡上，从坪坝里，从一条条开着绒球花和太阳花的小路上，走来了许多小学生，有汉族的，有傣族的，有景颇族的，还有阿昌族和德昂族的。

(1) “从……从……从……”“有……有……有……”这样的排比句式，很有新鲜感，写出了________，我感受到________。

(2) 仿照课文中的语句，介绍自己的小学：

早晨，从________，从________，从____________________，走来了许多小学生，有________的，有________的，有________的，还有____________的。

比如第 3 自然段：

大家一起朗读课文，那声音真好听！这时候，窗外十分安静，树枝不摇了，鸟儿不叫了，蝴蝶停在花朵上，好像都在听同学们读课文。

（1）这段话是围绕____________________这句话写的，从________、________、________三个方面具体写出了学校的安静。

（2）仿写：大扫除时，教室里打扫得十分干净，地面________，桌椅________，黑板________，窗户________。

再如，统编教材三年级上册第七单元的语文要素是“感受课文生动的语言，积累喜欢的词句”，习作要求是“留心生活，把自己的想法记录下来”。在《大自然的声音》这一课的教学时，学生感受完课文中的各种声音，可以通过拓展“阅读链接”中叶圣陶的《瀑布》，让学生进一步感受大自然中水声类型的丰富，领略生动语言的魅力。让学生也像作者一样，采用比喻、拟人、拟声词等方法，把做饭时厨房里发出的各种声音用生动、形象的语言写一写。

（1）提前布置观察作业：妈妈做饭时，厨房里发出各种声音，把它们模仿下来或录下来。提示：煎鸡蛋、烧开水、烤肉，各种厨具各种情况下发出的声音。

（2）听厨房里的各种音效，直观感知。

（3）提供扶手，给出句式，“当谁在干什么的时候，听到或发出什么声音，这声音像什么，怎么样。”

通过这种创意表达作业的设计，让学生积累课文中有新鲜感的词语和句子，感受生动的语言，并且联系生活实际，学以致用。

（二）关注内容，再现情景

在生活中，有很多学生熟悉的场景，如，早晨公园里晨练的情景，超市里琳琅满目的商品，旅游景点熙熙攘攘的人……学生看见过、经历过，但写作文时却不会具体描写。教师就可以利用教材仿写法，再现情境，进行仿写。

如，统编教材语文三年级下册第三单元的语文要素是“围绕一个意思把一段话写清楚”，《一幅名扬中外的画》这篇课文中，有这样两段话：

> 张择端画这幅画的时候，下了很大功夫。光是画上的人物，就有好几百个：有从乡下来的农民，有撑船的船工，有做各种买卖的生意人，有留着长胡子的道士，有走江湖的医生，有摆小摊的摊贩，有官吏和读书人……三百六十行，哪一行的人都画在上面了。
>
> ……走在街上的，是来来往往、形态各异的人：有的骑着马，有的挑着担，有的赶着毛驴，有的推着独轮车，有的悠闲地在街上溜达。

可以根据这两段话这样设计创意表达作业：

(1) 这两段话表现了________________。第一段话是用“________”的句式表现不同行业的人都有，第二段是用“________”的句式表现街上形态各异的人。

(2) 再现早晨公园里晨练的场景。早晨，公园里晨练的人很多，有的打太极拳，有的____________，有的____________，有的____________，有的____________，还有的____________。(从活动方式来说)

(3) 再现旅游时旅游景点的情境。

①“十一”长假时，我去泰山旅游。泰山脚下，游人很多，有的是坐公交车来的，有的是____________来的，有的是____________来的，有的是____________来的，还有的是____________来的。(从交通工具来说)

②“十一”长假，我去了敦煌的莫高窟。那里的人熙熙攘攘，有的是来参观的，有的是来____________的，有的是来____________的，还有的是来____________的。(从前往目的来说)

③暑假，我跟着妈妈去参观了秦始皇陵兵马俑，参观的人真多呀！有老

人，有______，有______，还有______呢。（从年龄来说）

④国庆节，我跟着妈妈去了故宫，参观的人排起了长队！有教师，有______，有______，还有______呢！（从身份、职业来说）

（三）类比仿写，迁移运用

如，《秋天的雨》这篇文章，抓住秋雨这个代表性的事物，从秋天的颜色、味道，以及各种动物、植物准备过冬的情景等几方面写出了秋天的特点。文章很美，是积累模仿的典型范文，可以让学生类比仿写春天。《秋天的雨》里有这样的一段话：

秋天的雨，吹起了金色的小喇叭。它告诉大家，冬天快要来了。小松鼠找来松果当粮食，小青蛙在加紧挖洞，准备舒舒服服地睡大觉。松柏穿上厚厚的、油亮亮的衣裳，杨树、柳树的叶子飘到树妈妈的脚下。它们都在准备过冬了。

（1）读这段话，文中写出了秋天的哪些动物、植物？用方框圈起来。

（2）用横线画出这些动物、植物在秋天的特点。

（3）引导孩子类比：春天里的动物有什么变化？小燕子______，冬眠的动物______，小蚂蚁也______，蜜蜂______，蝴蝶______……

（4）春风里植物又有哪些变化呢？杨树、柳树______了，长出______了，松柏______，桃树、杏树、梨树______了，小草______了……

（5）试着续写一段话：春天的风，吹响了号角。它告诉大家，春天已经来了。

______

______

通过这样一段一段的类比、仿说、仿写，学生就能迁移文章的写法和语言，创编出属于自己的生动文章。

（四）学会按顺序描写，举一反三

（1）时间顺序。如学习了《美丽的小兴安岭》一课就可以按照时间顺序，让学生描写本地一个美丽的地方，如《美丽的中心广场》《美丽的绿色庄园》。

（2）地点变化的顺序。如学习了《颐和园》《七月的天山》《记金华的双龙洞》三课，可以用移步换景的顺序或地点转换的顺序，描写一处美丽的地方，或写一篇参观旅行记。

（3）动作的先后顺序。如在统编教材语文五年级上册第五单元《松鼠》一课中，对松鼠搭窝的动作就写得很详细。

松鼠的窝通常搭在树枝分杈的地方，又干净又暖和。它们搭窝的时候，先搬些小木片，错杂着放在一起，再用一些干苔藓编扎起来，然后把苔藓挤紧，踏平，使那建筑物足够宽敞、足够坚实。这样，它们可以带着儿女住在里面，既舒适又安全。

（1）找出文中描写松鼠搭窝时的动作，一边做动作一边在头脑中想象画面。

（2）思考：作者是如何把这一系列的动作连贯起来的？

（3）用准确的动词和表示先后顺序的词语，写一写自己生活中做的一件事，如放学回家写作业、做饭、洗手。

再如，本单元的习作例文《风向袋的制作》，可以让学生学着例文中“第一……第二……”的顺序，写一篇自己做手工、做美食的说明文。

（4）动物、植物的描写顺序。如《松鼠》一课第一自然段是按照一定的顺序写松鼠漂亮的外形。可以这样设计作业：

（1）再读课文第一段，说一说课文中介绍了松鼠的哪些外形特点。

（2）用这样的方法写一写其他小动物的外形，如小白兔、小猫、小狗、鹦鹉……

（5）结构顺序。对于“总—分—总、总—分、分—总”这样的构段、构篇方式，要关注其篇章段落，学习方法并运用。统编教材语文三年级上册第六单元的语文要素是“借助关键语句理解一段话的意思”，“习作的时候，试着围绕一个意思写”。第六单元的课文《富饶的西沙群岛》《海滨小城》《美丽的小兴安岭》，结构层次清晰，是很好的习作训练范文。如学习《富饶的西沙群岛》课文的第五段，可以这样设计作业：

（1）这段话是围绕哪句话来写的？从________、________、________等方面写出了鸟多。

（2）联系生活实际拓展训练：

菜市场十分热闹，________________。

公园里的花真美丽，________________。

（五）变换方式，创意表达

1．变人称

统编教材语文五年级上册第三单元是民间故事单元，语文要素是“创造性地复述故事”。《猎人海力布》课后有这样一道习题：“试着以海力布或乡亲们的口吻，讲一讲海力布劝说乡亲们赶快搬家的部分。”可以设计让学生变换人称口吻讲故事的作业。

2．变顺序

《猎人海力布》课后的小练笔：“根据课文内容，给那块叫‘海力布’的石头写一段话，简要介绍它的来历。”

可以这样倒叙设计开头：

传说民间有一块叫“海力布”的石头，这里面还有一段动人的传说呢。从前有位猎人叫海力布，他热心助人。有一天……

3. 变文体

（1）可以把散文改成诗歌，如，统编教材语文四年级下册第一单元《三月桃花水》是一篇优美的散文，可以把它设计成改写为诗歌的作业，从而让学生感悟语言、吸收语言。设计如下：

（1）读第一段，感悟语言的美。

（2）看，老师把这一段话改成了如下的形式，再读一读，有什么新感悟？

是什么声音，
像一串小铃铛，
轻轻地走过村边？
是什么光芒，
像一匹明洁的绸缎，
映照着蓝天？

（3）仿照着上面的格式改写其他段，并有感情地朗读，读出对桃花水的喜爱和赞美之情。

（2）可以把古诗改写为一篇记叙文，如统编教材语文五年级下册第四单元，要求尝试运用动作、语言、神态描写，表现人物内心。我们就可以发挥想象，把《闻官军收河南河北》这首古诗改编成一个故事。设计如下：

思路提示：

（1）“闻”消息前，杜甫在干什么？

（2）听到消息时，杜甫有什么表现，想象他的神态、动作、语言。

（3）杜甫心里想些什么，可能和妻子、孩子说什么？

（3）把故事改成剧本。如《将相和》《西门豹治邺》《牛郎织女》这些故事性强的文章，都可以改编成剧本，让学生写一写，演一演。统编教材语文四年级上册《西门豹治邺》课后的选做题要求：在教师的指导下，根据"阅读链接"中的剧本开头改编课文，那么就可以这样设计创意表达作业：

（1）研读"阅读链接"，查找有关剧本编写的资料，确定剧本格式。
（2）认真研读文本，了解故事情节，从神态、动作、语言上把握人物特点。
（3）观看《西门豹》的电影、戏剧等影像资料，更深入地了解故事情节，进一步感悟人物形象，为自己编写剧本做好铺垫。
（4）自由结合，成立剧本编写小组。
（5）剧本展示交流，再次修改剧本的格式和语言。
（6）根据编写的剧本，排演课本剧，在排演的过程中进一步完善剧本。

4. 加情节

统编教材语文五年级上册第三单元的"语文园地"中的"词句段运用"栏目："仿照下面的例子，把牛郎织女初次见面的情节说得更具体。"可以这样设计创意表达作业：

（1）梳理牛郎织女认识的过程：道破天机——见到织女——拿走纱衣——互诉衷肠——喜结良缘——回到草房。
（2）学生创造性地丰富细节。提示：老牛道破天机时，可讲讲牛郎惊讶的心理活动。织女穿的纱衣是什么样的？牛郎织女第一次会面时，有什么神态、动作，都说了些什么？回到草房，他俩又会对老牛说些什么……

5. 续写、故事新编

《龟兔赛跑》《坐井观天》等寓言故事生动有趣，可以让学生发挥想象，续写或新编《龟兔第二次赛跑》《青蛙跳出井口》等故事，促进学生思维、语言运用和价值观在二次创作中得到发展。

三、运用策略，保证质量

作业设计要有序，目标要清晰，紧密结合教材，符合学生的年龄特点和认知特点，契合单元要素。

（一）加强朗读指导，写作积累

不仅读懂文本写的内容，还要读懂文本是怎样表达的，为什么这样表达，还可以怎样表达。可根据实际需要，进行拓展阅读，在多篇文章里找写作点或感悟。同时还要加强课外阅读，实现以“写”激趣，以趣促“读”。引导学生背诵、抄写好词佳句或好段、好篇，多写生活日记，记录下自己的感悟和发现。

（二）注重联系生活，创设情境

要多开展语文实践活动，在实践中体验，在体验中写作，让学生感悟写作在生活中的作用。同时，因为参与了实践活动，所以学生有话可写。

（三）评价要多样化，激励为主

教师要把评价的标准可视化、前置化，使参评的对象多样化，有学生自评、同学互评、家长评、师生评。另外，要建立健全评价机制，让学生看到及时的作业反馈，形成评价促提升的良性循环教学模式。

第三节　思辨性阅读与表达

对比阅读类作业的设计

什么是对比阅读呢？即比较阅读。此类作业设计就是让学生在对比阅读的过程中发现问题、感悟问题、解决问题，以达到提升思维、培养学习能力的目的，旨在保护学生的好奇心和求知欲，提升理性思维和理性精神，养成善于发现、勤学好问的习惯。乌申斯基曾指出：“比较是一切理解和思维的基础，我们正是通过比较来了解世界上的一切的。”《义务教育语文课程标准》（2022 年版）思辨性阅读与表达任务群提出：要引导学生在语文实践活动中，通过阅读、比较等方式，梳理观点、事实与材料及其关系。对比阅读类作业是语文阅读类作业的重要组成部分，也是提高学生阅读能力行之有效的方法。

一、厘清原则，准确定位

（一）学生主体原则

对比阅读类作业设计归根结底是为了提高学生的阅读能力，如分析问题的能力、阅读理解力等，在作业设计中首先要遵循以学生为主体的原则，充分考虑学生的阅读需求，将学生的积极性最大限度地激发出来，让学生在潜移默化中进步。不管是在课前、课中还是课后，都可以让学生进行对比阅读。如在学习统编教材语文三年级上册《手术台就是阵地》一课前，可以提出这样的小问题：

除了课本上的故事之外，你还知道有关白求恩的其他故事吗？查阅资料，课上和同学一起分享。

如此一来，学生对阅读学习的参与，就不仅仅只停留于课堂中，而是提前到在预习过程中进行对比、思考，为课堂学习做好准备，有助于学生更好地在课堂上吸收知识。与此同时，也利于学生更好地深入文本，扩充阅读面，养成良好的阅读习惯。

（二）合作探究原则

在学生独立思考、得出结论之后，应充分利用小组合作展开探究学习。个人的阅读经验往往存在着偏颇、狭隘的想法，通过小组合作探究，交流不同的看法，学生拓宽了思维，扩大了视野，得到的结论和表述的观点更全面、更客观。在对比阅读后，教师将学生的思考全面统整、总结，理清学生的阅读思路，充分肯定学生合作探究的过程和成果，保护学生的自信心和求知欲，从而实现高效、高质阅读。如，对比阅读统编教材语文三年级下册《蜜蜂》和课外阅读《螳螂》，两篇文章的作者都是法布尔。结合单元主题“观察与发现”，教师可以这样设计对比阅读作业：

法布尔笔下的蜜蜂和螳螂分别有什么特点？说说作者是怎么记录自己的观察的，你从中学到了什么？

先让学生自主学习，然后以小组讨论、合作探究的方式对这两篇文章进行比较阅读，就会发现作者在描写不同事物时的异同点。围绕问题，学生可以发表不同的看法，最后进行展示及总结。合作探究原则不仅给学生提供了自我表达的途径，而且有助于学生养成良好的“听”的习惯，使学生注意力更加集中，学习更有成效。

（三）拓展性原则

对比阅读是以课内文本为基础，深挖教材，但又必须辅以拓展性课外阅读的阅读方式。课内和课外，相互补充。基于语文要素和课后习题，教师拓展的内容要与教材相关，有一定对比研究和学习价值。比如，在教学《在牛肚子里旅行》这篇课文时，学生对作者张之路的文学创作非常感兴趣，为了满足学生的阅读需求，教师可以给学生推荐并对比阅读《小猪大侠 5》的第一章《超级梦想》，让学生在精神上获得极大愉悦和享受。拓展性原则在对比阅读作业设计中扩大了阅读范围，拓展了学生的知识面，拉近了师生间的心理距离，让学生更爱阅读。

二、运用策略，打通途径

（一）对比词句，体会准确性、生动性

对学生词句的赏析，很多时候是围绕着准确性、生动性展开的。单独品味一个词不足以让学生一目了然，通过对比，品味就变得多样和有趣，降低了学习难度，让体会更加深刻而具体。

1. 对比词语

如，统编教材语文三年级上册《美丽的小兴安岭》一课，课后第二题：让学生体会加点的词语好在哪里，在设计作业时可以这样处理：

（1）春天，树木抽出新的枝条，长出嫩绿的叶子。

（2）春天，树木生出新的枝条，长出嫩绿的叶子。

对比阅读上面两个词语，你认为哪个词语用得更好？为什么？

在对比阅读中，学生就能体会到“抽出”不仅仅有生长的意思，它还有动态美，将春天枝条快速生长的样子描绘得生动、形象。

再如，统编教材语文三年级下册《蜜蜂》一课课后第二题：体会加点词语的准确性，也可以设计对比阅读的作业：

(1) 二十只左右被闷了好久的蜜蜂向四面飞散，好像在寻找回家的方向。

(2) 二十只被闷了好久的蜜蜂向四面飞散，在寻找回家的方向。

对比阅读上面两句话，说说你从中体会到什么。

学生在对比阅读中就能明确“二十只”是一个确数，加上“左右”“好像”就表示不确定，从而表达了法布尔自己内心的猜测，语言表述十分严谨，体现了法布尔求实的科学态度。

又如，第八单元“语文园地”的“词句段运用”中体会加点部分表现的情景，同样可以设计对比阅读的作业：

(1) 顾客噌的一下子跳起来：“这么慢啊！”

(2) 顾客跳起来：“这么慢啊！”

对比阅读两个句子，哪句话更能表现人物内心的着急呢？说说你的感受。再试着写一写这样的句子。

毋庸置疑，加上拟声词，表达效果会更好，即第一个句子更能体现人物着急的心情，学生就可以在对比阅读中感受语言的表达效果。

2. 对比句子

如统编教材语文三年级上册《读不完的大书》一课，课后第二题：体会语言的生动性，可以这样设计对比阅读的作业：

(1) 微风吹来，沙沙的竹叶声，如同温柔的细语。

(2) 微风吹来，竹叶沙沙地响了起来。

对比阅读上面两个句子，你更喜欢哪句话？说说理由。

通过两句话的对比阅读，把沙沙的竹叶声比作温柔的细语，学生更能体会到课文语言的生动性。再联系生活中熟悉的场景，如妈妈温柔细语的样子，想象竹叶响起的沙沙声也是那么轻柔、舒缓，更有助于理解文本要表达的情感。

再如，《父亲、树林和鸟》一文，课后第三题是“说说加点的部分给你什么感受”，就可以这样设计对比阅读的作业：

(1) 父亲突然站定，朝幽深的雾蒙蒙的树林，上上下下地望了又望，用鼻子闻了又闻。

(2) 父亲突然站定，朝树林上上下下地望了又望，用鼻子闻了又闻。

对比阅读上面两个句子，说说你更喜欢哪句话，为什么？

通过对比阅读，学生体会到加点的部分生动贴切地描写了树林的环境，凸显了父亲细致的观察力，体现了他对大自然的了解，是个真正的爱鸟之人。

（二）对比段落，发现内容、形式之异同

段落之间的对比阅读，一般集中在同一文本的前后对比，或者是不同文本间的对比，可以找相同，也可以找不同。可以同为课内素材，也可以从课内延伸至课外。如，统编教材语文三年级下册第三单元“语文园地”中“词句段运用”栏目第二题要求“想想下面两段话在表达上有什么共同点”，就可以这样设计拓展作业：

(1) 走在街上的，是来来往往、形态各异的人：有的骑着马，有的挑着担，有的赶着毛驴，有的推着独轮车，有的悠闲地在街上溜达。

(2) 桥面两侧有石栏，栏板上雕刻着精美的图案：有的刻着两条相互缠绕的龙，嘴里吐出美丽的水花；有的刻着两条飞龙，前爪相互抵着，各自回首遥望；还有的刻着双龙戏珠。

读上面两个句子，你发现它们在表达上有什么相同点呢？回忆之前学过的课文，有没有类似的句子？照样子再写一写。

学生通过比较会发现，都用了冒号和“有的……有的……有的……”句式，冒号表示提起下文，前面总述，后面分说，两句话都用了先总说后分说的叙述方式。

回忆《一幅名扬中外的画》一课第 2 自然段，对比阅读：

光是画上的人物，就有好几百个：有从乡下来的农民，有撑船的船工，有做各种买卖的生意人，有留着长胡子的道士，有走江湖的医生，有摆小摊的摊贩，有官吏和读书人……

再回忆《富饶的西沙群岛》第 2 自然段，对比阅读：

西沙群岛一带海水五光十色，瑰丽无比：有深蓝的，淡青的，浅绿的，杏黄的。一块块，一条条，相互交错着。

通过回忆，加深印象，巩固知识，学生写起来就没那么难了。

再如，统编教材语文三年级上册《铺满金色巴掌的水泥道》一课，课后有“阅读链接”，对比阅读课文第 6、7 自然段和“阅读链接”中汪曾祺的《自报家门》节选，可以这样设计作业：

同样是写上学、放学路上看到的景物，二者在写法上有什么不一样？圈出《自报家门》中“我”在放学路上看到的景物，对比课文中对落叶的描写，你发现了什么？

(三) 对比篇章，由点到面，学习批判

不同篇章之间的对比阅读，实现了对比阅读作业设计由点到线、由线到面的拓展与转化，有助于提高学生学习的兴趣及鉴赏能力，由浅入深，循序渐进，举一反三，不断强化。同时，也有助于学生批判精神的形成。

1. 对比阅读同一题材的不同作品

同一题材的内容是有限的，但不同作家创作出来的文学作品却不拘一格。对同一题材的不同作品进行对比阅读，可以启发学生的想象力和创造性，开拓视野，提高阅读能力，还能激发其写作才能，创出新意。

比如，在学习统编教材语文三年级下册第三单元以“中华优秀传统文化”为主题的课文《古诗三首》之后，可以设计这样的对比阅读作业：

中华传统文化源远流长，阅读下面三首古诗《除夜雪》《清明夜》《中秋月》，它们分别写了哪个传统节日？边读边想象画面，说一说诗中描绘了怎样的节日情景。

对比阅读	《除夜雪》	《清明夜》	《中秋月》
节日			
情景			

再如，学完统编教材语文三年级上册《秋天的雨》一课之后，借助课后“阅读链接”拓展文本《太阳时钟》选文，和课文进行对比阅读，设计作业如下：

(1)《太阳时钟》节选短文和《秋天的雨》有哪些相同和不同之处？

(2) 运用从《秋天的雨》中学到的方法，找一找《太阳时钟》节选短文主要从哪些方面写了秋天的景物。

又如，学完统编教材语文三年级下册《陶罐和铁罐》之后，借助课后“阅读链接”拓展文本《北风和太阳》进行对比阅读，设计作业如下：

(1) 北风和太阳之间发生了什么故事？故事的最后，北风为什么悄悄溜走了？

(2) 比较《北风和太阳》短文中的北风和课文《陶罐和铁罐》中的铁罐，二者有什么相似的地方？

对比相似之处	铁罐	北风
性格		
结局		

比如，学完《我变成了一棵树》一课之后，对比阅读王宜振的《真想变成大大的荷叶》，可以这样设计作业：

(1) 你觉得文中“我”的哪些想象很神奇，很吸引你？

(2) 如果你也会变，你想变成什么？变了以后会发生什么奇妙的事？

再如，学习统编教材语文三年级上册文言文《司马光》时，可以和现代文《司马光》对比阅读，设计这样的作业：

对比阅读课文《司马光》和现代文《司马光》，你发现两者语言上有什么不同之处？小组进行讨论。

为了巩固学生对文言文的认识，统编教材语文二年级上册已学过《狐假虎威》的现代文，可继续对比阅读《战国策·楚策一》中“狐假虎威”的文言文片段“虎求百兽而食之，得狐……”

2. 对比阅读同一作者的不同作品

文学名家的很多作品都值得学生读一读，品一品。通过对比阅读，学生可以异中求同，了解作家的创作风格及个人思想，有助于在脑海中形成链条，将阅读经验串联起来，使现有阅读体系更系统、更完整，在解读文本上也能更准确、更深入、更透彻，从而达到更高的水平。

如，在学习《卖火柴的小女孩》一课之后，对比阅读《安徒生童话》中的其他作品《丑小鸭》和《拇指姑娘》，对比主人公的性格特点等，可以设计如下表格：

故事名称	主人公	主人公的特点	结局
《卖火柴的小女孩》			
《拇指姑娘》			
《丑小鸭》			

又如，统编教材语文二年级上册“快乐读书吧”推荐了金近创作的本册必读课外书《小鲤鱼跳龙门》等，同样可以让学生对比读一读金近创作的其他童话故事：《小猫钓鱼》《骄傲的大公鸡》《蝴蝶有一面小镜子》《狐狸打猎人的故事》，以进一步扩大学生的阅读量，提升学生的阅读能力。

三、鼓励评价，珍视成果

（一）鼓励先行

通过对比阅读作业设计对学生进行评价时，应以鼓励为主，重点保护学生的探索欲和求知欲，保护学生的好奇心和自信心。只要能观察出相似事物之间的异同点，善于提问为什么，就要及时表扬，鼓励其自由表达、充分表达，引导其有条理地表达，逻辑清晰。

（二）基于实际

每位学生的阅读起点或多或少有所不同。要基于学生的实际阅读经验和生活经验，不过分拔高要求。在开展研讨活动中，只要能观点清晰，证据充分，表述合理，客观冷静地思考问题，就要支持其想法，并循序渐进地引导搜集和选择信息的基本方法，关注信息的可靠性和权威性。

（三）珍视成果

关注学生在问题研究过程中的交流研讨情况，重视其在研讨中的现场表现，珍视其在活动过程中所产生的文字、表格、统计图、思维导图等学习成果。教师要特别关注学生思考的过程和思维方法，培养学生的理性思维和理性精神。

质疑辨析类作业的设计

“双减”背景下，语文教育更加注重培养学生的逻辑思维能力和批判性思维能力。质疑辨析类作业设计对于培养学生敢于思辨、慎于思辨、善于思辨的能力，提高教学效率，落实立德树人根本任务很有必要。《义务教育语文课程标准》（2022 年版）指出，要引导学生在语文实践活动中，通过阅读、比较、推断、质疑、讨论等方式，梳理观点、事实与材料及其关系；辨析态度及立场，辨别是非、善恶、美丑，保持好奇心和求知欲，养成勤学好问的习惯；负责任、有中心、有条理、重证据地表达，培养理性思维和理性精神。培养学生的质疑精神和思辨能力，就是在日常教育中引导学生学习发现、思考、探究问题的思路和方法。学生结合生活实际对文本进行评价，表达自己的观点，经过深入思考和理解，从而产生情感共鸣，进而验证发现，明辨观点。高效的质疑辨析类作业不仅可以发展学生的语言能力和思维能力，体现个性化的理解，还可以强化学生的思考论证过程，提升学生反思质疑的能力，最终提升学生的语文核心素养。

一、把握特征，开放思维

（一）激趣是基础

学生的质疑辨析能力是以主动质疑为基础，是一种创新思维能力的发展。培养学生的质疑辨析能力应从兴趣入手。在语文教学中，最怕的就是学生不动脑筋，不善于思考，自然也就不能发现可疑之处；或者有的学生因为害怕提问，以至于有疑而不想问，课堂上也无法形成浓厚的质疑氛围，因此，教师的质疑辨析类作业要提供给学生宽松、融洽的氛围，激发学生质疑、辨析的兴趣，为学生提供广阔的思考、表达的空间和氛围。

如，统编教材语文二年级下册第6课《千人糕》，在上课之前就引导学生针对课题提出问题：

“千人糕”到底是什么样的“糕”？是需要一千个人才能做成的吗？那得有多大啊？这样的糕点味道怎样？

这样的设置问题有利于引导学生进一步理解文章内容，培养学生的质疑能力。课后还可以继续质疑：

你觉得生活中还有哪些东西也可以这样称呼？请说出你的理由。

让学生结合自己的生活实际，说一说自己知道的这样的事物。在班级，可以同桌交流，也可以小组交流，所有学生提出自己的想法，说明理由，其他同学进行评价。这样的分析、推理、交流的过程，不仅拓宽了学生思考问题的角度，还能让学生在辩论中明晰自己的观点，验证自己的发现，调动学生参与质疑辨析的积极性。

（二）方法做保障

学生质疑的角度千奇百怪，如果没有有效的方法引领，很容易剑走偏锋，离开教师的预设方向。这就需要教师适度引导，让学生了解可以从哪些方面质疑、辨析，怎样才能更清楚地说明问题。教师还可以引导学生围绕一个问题发散思维，分享不同角度的思维过程。独特的质疑角度是创造性思维的前提，在设计此类作业时，要方法在前，唤醒学生的生活经验和个性理解，由文本联系实践经验，尝试有实践验证的条理表达。

如，统编教材语文四年级上册《夜间飞行的秘密》课后第一题：“分小组整理问题清单，想一想可以从哪些角度提问。”在初读课文以后，学生提出了很多问题，充分说明学生对于文章内容进行了深入思考。但是教师要引导学生分小组整理问题清单，筛选出问题的提出角度，哪些是针对课文内容提出的？哪些是从课文的写法上提出的？哪些是从课文中得到的启发，联系生活经验提出的？这些问题中，能帮助我们理解文章内容的就留下，无关紧要的就暂时不解答，感兴趣的学生可以课下继续探究，这就可能涉及跨学科的知识了。从合适的角度进行质疑辨析是非常重要的，这也是培养学生思维方法的重要手段。

（三）开放来护航

质疑辨析的环境必须是开放的，这样才能滋养创造性的思维，培养思辨能力。现在的课文，课后问题往往是开放性的问法，可以进行创造性地回答。这就为学生提出问题、深入思考提供了空间，答案不唯一，只要言之有理、言之有据即可。这样的开放式问答正是学生思辨能力发展的“良好土壤”。新奇的观点、有力的表述，不仅锻炼学生的思维，还打通了思维和语言的桥梁，组织语言，有序表达，进而提升学生的语文核心素养能力。

如，统编教材语文四年级上册《一只窝囊的大老虎》课后题：“结合生活经验说一说：‘我’的演出窝囊吗？可以怎么开导‘我’？”学生联系课文内容，结合生活经验，有的说“我”的表演“不窝囊”，因为“我”作为一只老虎，虽然不会“豁虎跳”，但是“我”的努力演绎，将台下的观众逗得哄堂大笑，为别人带去开心就很值得，很有意义。有的同学则认为“我”的演出窝囊，因为作为一只凶猛的大老虎，就应该会“豁虎跳”，不会“豁虎跳”就是没演出老虎最真实的样子，所以是“窝囊”的演出；只要以后经常去观察老虎的样子，下次一定能演好。你看，学生不仅表达了自己的观点，还为自己的观点找到了有力的证据，甚至为“我”提供了切实可行的改进措施，这样的辨析能力就是在一次次说理分析中慢慢提升的。

二、全面构架，综合体现

（一）细观察，善提问

观察来源于生活，质疑来自探索，只有留心发现生活现象，才能在细节处有所思考，提出疑问，不断探索。根据学生的不同年龄特点，在设计质疑辨析类作业时，要综合考虑学生的认知发展阶段，积极调动生活经验积累，尊重感受和体验，联系生活经验提出疑问，发现奥秘，帮助学生阅读理解。

如，统编教材语文二年级下册第六单元，教学重点是“能找出文中具体信息进行整合，做出推断”，进一步深化阅读理解。对《雷雨》一课，我们可以这样设计作业：

同学们，“雷雨”是一种特别奇特的大自然现象，“雷雨”奇特在哪呢？你可以提出哪些问题？尝试着分时间段用“雷雨前”“雷雨中”“雷雨后”来向大家解答吧。

对《太空生活趣事多》一课，我们可以这样设计作业：

太空生活真是太有趣了，探究一下太空生活哪些地方奇特呢？和我们的日常生活有什么不一样呢？

在“写话”部分，就可以借助图片、资料或创设情境，拓宽学生的思路，鼓励学生用不同的方式提问。可以启发学生用“怎么、谁、什么、在哪里”等疑问词提问，不能只局限于使用“为什么”提问。

如统编教材语文三年级下册《蜜蜂》一课中，就可以这样设计作业：

如果你是法布尔，你通常是有了什么样的疑问，才想要去研究蜜蜂？

你觉得法布尔的实验过程能得出准确的结论吗？为什么？请说明理由。

观察时主动思考、提出问题是个好习惯。你在生活当中发现了什么？请把你的观察和思考记录下来吧。

再如，统编教材语文四年级上册第二单元围绕“质疑”主题，编排了《一个豆荚里的五粒豆》《夜间飞行的秘密》《呼风唤雨的世纪》三篇精读课文和一篇略读课文《蝴蝶的家》，针对本单元主题，教师可以设计“学贵有疑”“勤思好问”“一问再问”“发现密码”等系列活动，从引导学生认真观察入手，进行质疑方法的引导，然后不断练习、强化运用提问方法，尝试解决问题，从而提升学生的质疑能力。

（二）重表达，说看法

学生的认知世界是充满疑问的，当众多的疑问提出时，我们鼓励学生自由表达想法，充分说明观点。对于学生的观点，不打断，不反对，不主观批判。要以表扬发现为主，引导学生将自己奇特的发现表达出来，这样的激励才能充分挖掘学生的质疑能力，培养学生的质疑精神。只有尊重学生的个性理解和感受，让学生充分地表达，课堂氛围才会积极活跃，才能更好地培养学生的语言运用能力和表达能力。

如，统编教材语文二年级下册《揠苗助长》一课，我们可以设计这样的作业：

你觉得这个人没有看到禾苗长高的原因是什么？他明明很勤奋，也很善良啊！请你帮帮他吧。他以后应该怎么做才能收获粮食呢？请把你的想法和同桌说一说。

对于《大象的耳朵》一课，可以这样设计作业：

（1）大象为什么一定要让自己的耳朵竖起来呢？

（2）大象后来怎么又让耳朵耷拉着了？
（3）大象说“人家是人家，我是我”是什么意思？
（4）在你的实际生活中，你有过这样的经历吗？

如，统编教材语文三年级下册第二单元“口语交际”的“该不该实行班干部轮流制”，可以这样安排交流活动：

班级是大家共同来维护的一个大家庭，规则也需要大家一起来制定，你觉得班级应不应该实行班干部轮流制呢？

如果觉得应该，请说出自己的理由；如果觉得不应该，也将自己的理由说出来。小组内可以进行一场讨论会，每个同学将自己的看法表达出来，其他同学边听边思考，想想别人说的有没有道理，交流之后，大家集体投票，确定最终方法。

如，对《我们奇妙的世界》一课，我们可以这样设计作业：

为什么说“一切看上去都是有生命的”？课文是从哪两个方面来写“生命现象的”？作者为什么分这两个方面呢？

再如，统编教材语文二年级上册《坐井观天》一课所在单元以“思维方法”为主题选编课文，安排学习活动，属于“思辨性阅读与表达”学习任务群，引导学生联系生活实际理解文本内容，通过阅读、观察、请教、质疑、讨论等方式，积极思考、探究，围绕文本中生发的问题，乐于分享自己解决问题的办法。课后第二题是：“小鸟和青蛙在争论什么？他们的说法为什么不一样？”对于这篇寓言故事，要引导学生“换位思考”“换位体验”，进而联系生活体验，在与人相处和分享观点时，不停留于是非判断，而是寻找根源，在理解的基础上彼此都收获新的启迪。

（三）巧辨别，分条理

统编语文教材中，学生在理解文本内容时，对于文章内容的质疑是有针对性的，但是当学生提出观点后，需要找到支撑观点的有力证据。这就需要学生认真分析证据和观点之间的联系，辨别文本内容之间总分、并列、因果等关系，有条理地表达自己的观点。教材主题内容间的相互关联需要学生去加以辨别，这种推理辨识的理由要合理，这就进一步加深了学生对文本的理解，帮助学生提升思维的深度，稳固了学生思考的过程和思维的方法。

如，统编教材语文四年级上册第一单元“口语交际”《我们与环境》，我们可以这样设计作业：

我们与环境存在着什么样的关系呢？

周末时间，请走出家门，实际探究一下生活中我们与环境的密切关系，完成调查表。

我们身边存在哪些环境问题？（请从大气污染、水污染、垃圾污染中任选一个角度进行调查）	
这些环境问题对人们的身体健康有什么危害？	
为了保护环境，尽量减少以上污染，我们可以做些什么呢？	

如，统编教材语文三年级下册《剃头大师》一课，可以这样设计作业：

课文为什么用“剃头大师”做题目？“害人精”指的是谁？真正的“剃头大师”又是谁？你是从课文的哪些段落发现的？

如，统编教材语文四年级上册第四单元“神话单元”，编排了一篇文言文《精卫填海》和三篇神话故事《盘古开天地》《普罗米修斯》《女娲补天》。学生在感受神话故事的神奇之处后，要根据故事的内容，按照起因、经过、结果的顺序讲讲这些故事。我们就可以这样设计作业：

《盘古开天地》一课，你能根据课本插图中的连环画，找一找文章对应的内容吗？这几幅图之间是什么关系呢？

《精卫填海》一课，老师这里有一本这个神话故事的连环画，但是有几页丢失了，你能按照故事的发展顺序帮老师绘制出这几页吗？一定不能搞错顺序。

《普罗米修斯》一课，你认为火神赫淮斯托斯和大力士赫拉克勒斯哪一位更正义、更勇敢？为什么？

三、多维评价，全面提升

（一）内容的丰富性

质疑辨析类作业的完成需要学生搜集大量的课堂内外的资料，来支撑思考与质疑。教师评价时要关注学生在问题研究过程中涉及的丰富内容，包括文字、表格、统计图、思维导图等学习成果的展现，教师要给予学生必要的帮助和指导，保护学生质疑的有效性和探索的积极性。

（二）角度的创新性

学生在提出问题、辨析论证的过程中，要注意角度的创新性。质疑的角度让人眼前一亮，能激发学生新的思考灵感，这样的质疑才能让思考有层次性，让评价有等级性。注重“教—学—评”一体化，步步深入的引导性评价能形成意外的评价结果。教师应多关注评价过程中学生的思维方式、认知过程等表现，分析角度，及时指导。

（三）过程与方法的有效性

运用多种评价方法，如同桌互评、小组展示评、师生共评、家校合作评价……增强评价的正向性、科学性和整体性。不同的学习方式有不同的学习效果，过程性评价可以帮助学生把握正确的学习方式，提高学习的质量和效果。

讨论分享类作业的设计

语文课程的学习，会让人想到阅读积累、语言表达与写作等语文味道浓厚的部分。《义务教育语文课程标准》（2022 年版）总目标中指出，在语文学习过程中，培养孩子“乐于探索，勤于思考，初步掌握比较、分析、概括、推理等思维方法，辩证地思考问题，有理有据、负责任地表达自己的观点，养成实事求是、崇尚真知的态度”。让学生能够通过讨论、推理等方式，培养独立思维能力。可见，思维能力的发展，对提升学生语文核心素养举足轻重，而讨论作为一种思辨式语文实践活动也起到至关重要的作用。

一、讨论分享类作业的意义

（一）锻炼思辨，培养习惯

在课堂教学活动中，讨论环节是激发学生表达自己观点的重要部分。学生在小组讨论中积极思考，发表观点，变被动为主动。讨论可以充分激发学生的主观能动性，突出学生在课堂上的主体地位，培养学生的理性思维和理性精神，提高学生的逻辑思维能力，使学生养成思考辨析的好习惯。《义务教育语文课程标准》（2022 年版）根据不同的学段提出了不同的思维训练要求，那么，教师在设计作业时，就要根据学生的年龄特点和需求，有意识地设计具有挑战性、逻辑思维性强、能激发学生思考兴趣的任务，引导学生参与讨论，表达自己的观点，让学生在交流的过程中学会有效的语言表达，学会交流分享，从而提升语文核心素养。

（二）运用语言，促进合作

讨论分享一般都是以小组为单位进行，同龄人在小组内针对同一问题思考、探究，发表不同的看法和观点。在这个过程中，把思维重组，梳理成语言，不断输出，可以锻炼语言表达，积累语言运用，加强同学之间的了解交流，提高学生的合作意识，促进合作能力的发展，培养团队合作精神。

二、讨论分享类作业的设计

（一）挖掘课文设计作业

《义务教育语文课程标准》（2022年版）第一学段内容指出："阅读有趣的短文，发现、思考身边的鸟兽虫鱼、花草树木、家用电器等日常事物的奇妙之处，说出自己的想法。"对于小学低学段的学生，鼓励其能对身边有趣的日常事物等产生思考，有表达的愿望。如统编教材语文二年级上册课文《植物妈妈有办法》，是一首讲述植物传播种子的诗歌，文章运用拟人的手法和富有韵律感的语言，生动形象地介绍了不同植物传播种子的方法，再配有生动活泼的插图，更容易激发学生的表达欲望。我们可以结合课文设计以下作业：

（1）比一比。

小朋友们，你觉得哪个植物妈妈传播种子的方法最有趣呢？为什么？和你的同桌讨论一下，比一比谁说的最有趣。

我觉得__________最有趣，__________的种子__________，就像__________，非常有趣！

在学生说之前，为学生提供语言支架，可以从种子的样子、传播方法、语言的描写三个方面来说。比如，我觉得蒲公英妈妈传播种子的方法最有趣，蒲公英的种子头上有小小的绒毛，靠风吹的方法传播，就像降落伞一样飞出去，非常有趣！这样学生在讨论的过程中，选择自己认为有趣的植物传播种子的方法，大胆发表自己的观点，积极思考，组织整合语言，养成思辨习惯。

《义务教育语文课程标准》（2022年版）对小学低学段孩子还提出了这样

的要求："大胆提出生活和学习中遇到的问题，通过阅读、观察、请教、讨论等方式，积极思考、探究，乐于分享自己解决问题的办法，说出一两个理由。"在《玲玲的画》一课中，我们就可以围绕课后习题第二题来设计课堂过程中的练习作业。

读下面的句子，再联系生活说说你的体会。

只要肯动脑筋，坏事有时也能变成好事。

这道题是让学生联系生活实际，学会遇到问题积极思考，主动解决问题，我们可以这样设计作业：

（2）说一说。

同学们，你在生活中有没有遇到过像玲玲这样的情况呢？又该怎么解决呢？和同学讨论一下，说说你是怎么解决的。

有的学生说："我在写日记的时候，漏了一个字，擦掉重写要花很长时间，我就想了想，把句子变了一个说法，句子更通顺了，也不用重写了，我很高兴。"

还有的学生说："我在拼乐高玩具的时候，拼错了一个零件，又很难拆下来，我就改变了拼装方法，拼出了新的造型。"

比如，统编教材语文二年级上册第八单元《狐假虎威》一课是一个寓言故事。讲了狐狸被老虎逮住后骗过老虎，又借用老虎的威风吓跑百兽的故事。课文以对话的形式展开情节，语言描写生动有趣，尤其是对狐狸和老虎的动作、神态的描写，生动传神，如描写狐狸的"眼珠子骨碌碌一转、扯着嗓子、神气活现、摇头摆尾、大摇大摆"，描写老虎的"半信半疑、东张西望"。这样生动简单的文本，学生非常喜爱，也适合学生表演。于是，课后习题就可以布置类似的任务。

下面的词语哪些是写狐狸的，哪些是写老虎的？分角色演一演这个故事，试着把这些词语的意思表现出来。

神气活现　摇头摆尾　半信半疑　东张西望　大摇大摆

可以设计以下作业：

(3) 演一演。

①同学们，这些词语是什么意思呢？和同桌商讨一下，说说你的理解，试着讲一讲。

提示：用扩词的方法猜意思。

用近义词替换的方法说意思。

②同学们，知道了词语的意思，试着演一演吧！

提示：小组讨论演好故事的秘诀。

模仿角色声音说一说。

模仿课本插图演一演。

给学生提供练习的语言支架，消除学生的畏难情绪，步步引导，让学生有张口表达的意愿，有内容可说，有想法要说，有成果可展示，从而全面落实语文要素。

（二）单元综合创设情境

《义务教育语文课程标准》（2022 年版）指出：“阅读关于中华传统美德、社会公德等方面的短论、简评，结合校园或社会生活中的实际事例，学习有理有据地口头或书面表达自己的观点。”

统编教材语文五年级下册第四单元以“责任”为主题，安排了《古诗三首》《青山处处埋忠骨》《军神》三篇精读课文和一篇略读课文《清贫》，这一单元的语文要素侧重“通过课文中动作、语言、神态的描写，体会人物的内心”，感受革命前辈的品质和精神。可以设计以下作业：

(1)《青山处处埋忠骨》一课，毛主席的心理有什么变化？你从哪些方面感受到的？和同桌或前后排讨论一下，试着画出思维导图，并对全班讲一讲。

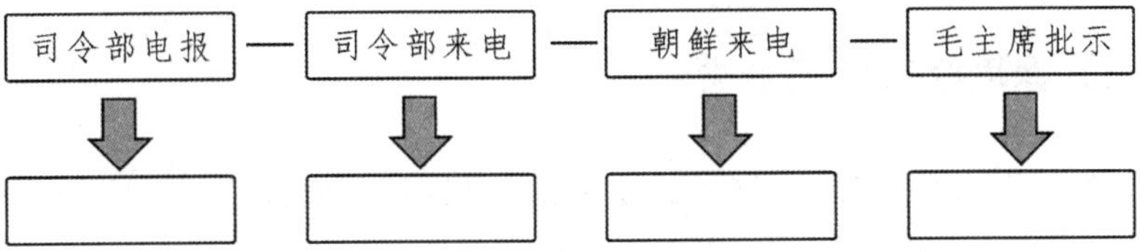

(2)《军神》一课沃克医生的心理变化是怎样的？在小组内讨论，并用推进图表现出来。

引导学生先画出表现心理变化的关键词句，再讨论。

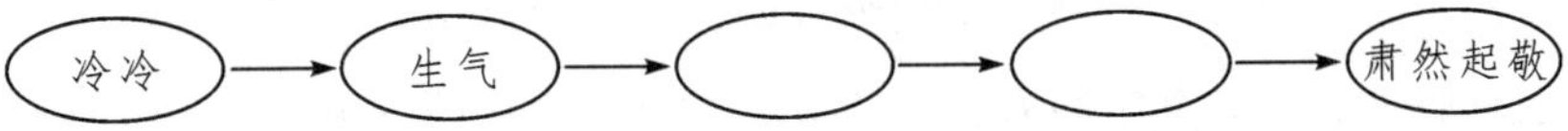

学生借助思维导图梳理课文内容，通过讨论梳理总结人物心理变化，落实单元语文要素。

(3)《清贫》一文中，哪些关键场景能让你体会到人物内心的变化？从中你感受到了主人公怎样的品质？小组讨论，并借助表格说一说。

篇目	关键场景	内心变化	精神品质
《清贫》			

单元学习结束后，学生对革命先辈有了更深的了解，鼓励学生根据自己的学习体验，畅聊感受，说一说给你留下深刻印象的人物，并以人物肖像的形式分享。可以设计以下作业：

(4) 在学习了本单元后，你对哪位人物形象印象最深，为什么？小组内互相说一说。请你为他设计一幅肖像画吧！

人物姓名：＿＿＿＿＿＿＿＿＿＿＿＿＿＿

英雄事迹：＿＿＿＿＿＿＿＿＿＿＿＿＿＿

肖像画

由口头讨论表达，到写作表达，提升了思维高度。

（三）深度吸收经典名著

《义务教育语文课程标准》（2022年版）指出："阅读诗话、文论、书画艺术论的经典片段，尝试运用其中的观点欣赏、评析作品。"

统编教材语文五年级下册第二单元安排了"古典名著之旅"主题，编排了《草船借箭》《景阳冈》《猴王出世》《红楼春趣》四篇文章，选取特定场景、具有代表性的故事情节，人物形象刻画鲜明。在学习该单元之前，学生对四大名著已经有所了解，对书中的人物和情节，有自己独特的见解和评价。比如《草船借箭》一课，在学生能复述故事内容，讲清楚事件的起因、经过、结果后，逐步引导学生向纵深思考，可以设计以下作业：

（1）草船借箭能取得成功，有哪些方面的原因？在小组内讨论，说说你的看法，并在班级展示。

引导学生打开思路，发散思维，考虑多方面原因，可以勾连《三国演义》的背景，不仅仅局限于诸葛亮的足智多谋，比如曹操生性多疑的性格，不敢冒动，只能放箭；鲁肃的憨厚诚信，无私帮助等。鼓励学生学会从不同角度看问题，养成善于思考的习惯。

《草船借箭》选自《三国演义》，学习本课后还可以鼓励学生拓展阅读《三国演义》，举办读书交流会，说说自己的收获。可以设计以下作业：

（2）认真阅读《三国演义》，把你喜欢的经典故事、人物和阅读感受与大家分享。

在交流的过程中，学生通过交流思想，思维更活跃，头脑更睿智。让学生感受到分享阅读成果的快乐，提高学生的语言表达能力，为班级营造良好的读书氛围助力。

《景阳冈》课后习题："对于课文中的武松，人们有不同的评价。你有什么看法？说说你的理由。"针对这一问题，可以设计以下作业：

(3) 有人说"武松真勇敢，明知山有虎，偏向虎山行"。有人说"武松要面子，有些鲁莽，不听别人善意的劝告，虎口逃生只是侥幸"。你支持哪一种说法？请以"武松是否真勇敢"为辩题，开展一次辩论赛吧！

辩题：武松是否真勇敢。

正方：武松是真勇敢。

反方：武松不是真勇敢。

以辩论赛的形式，分享学生对文本的独特见解，锻炼语言表达能力，培养理性思维，落实语文素养目标。

读完《猴王出世》，可以引导学生再分析《西游记》故事情节，书中充满了神奇的想象，让学生分享自己的阅读感受。可以设计如下作业：

(4)《西游记》中，哪些情节让你感受深刻？请你写下自己的读后感悟，并在班级里分享。

在单元主题的引领下，落实单元语文要素和习作要求，让学生真正会思考、会分享、会运用，提升语文素养。

三、实施建议

在学生完成作业后，教师要及时诊断学生的学情并反馈，让学生发现自己的不足，并制定计划，有针对性地练习，避免在学习过程中半途而废。

作业设计要突出从易到难，从学习思考到模仿尝试，再到灵活运用，引导学生人人参与，乐于分享，在这个过程中体验到学习的快乐，获得学习的成就感。对于能力不足的学生，教师要及时给予帮助，并适当降低标准，放宽要求，以鼓励为主，使学生循序渐进地完成跳一跳所能达到的任务。

讨论分享类作业，旨在培养学生的思考习惯，发展思维能力，注重多元化评价和过程性评价，注重学生在参与讨论过程中积极思考的意愿和思维品质，评价不能单纯以成果定义，应该从不同方面综合考量，通过多维评价，持续激发学生学习的成就感。

第五章
拓展型作业

第一节　促进阅读类作业的设计

《义务教育语文课程标准》（2022年版）指出，教师要引导学生在语文实践活动中“制定阅读计划，综合运用多种方法阅读整本书”“积累整本书阅读经验，养成良好阅读习惯，提高整体认知能力，丰富精神世界”。作为一线语文教师，应该怎么设计阅读类作业指导和督促学生进行整本书阅读呢？

一、转变观念，增强意识

自2021年以来，随着“双减”政策的逐步落实，如何切实减轻学生过重的作业负担成了学校和教师的研究重心。教师通过减少学生的作业量，把时间还给学生，在此过程中，教师布置的课外阅读作业量也随之减少。有的教师缺少对学生阅读方法的指导，再加上有的家长对阅读不够重视，自认为要想提高语文成绩，就要买大量的教辅资料。除此之外，有的学生家庭读书氛围不够浓厚，有的学生遇到阅读障碍得不到及时有效的解决，从而导致不能很好地完成阅读类作业，致使其课外阅读质量不高。

（一）语文核心素养与阅读

语文核心素养主要包括“语言建构与运用”“思维发展与提升”“审美鉴赏与创造”“文化传承与理解”，这是学生适应终身发展和社会发展需要的必备品格和关键能力。而整本书阅读可以培养学生语文核心素养。首先，学生可以从整本书阅读中，积累较为丰富的语言材料，培养良好的语感，并将所获得言语活动经验，逐渐转化为富有个性的阅读方法和策略；其次，学生可以在阅读过程中，运用联想和想象，加深自己对语言文字和现实生活的感受与理解，从而丰富自己的经验和语言表达；再次，学生可以在阅读的过程中，感受和体验语言文字表现出来的形象美和情感美，能鉴赏不同时代、不同风格的文学作品，能评赏作品的语言特点，感悟作者的思想感情，形成正确的价值观、审美观；另外，学生可以在阅读的过程中，体会中华传统文化的魅力，理解、认同并热爱中华传统文化，继承发扬优秀传统文化，增强文化自信，更关注、参与文化传播与交流，树立积极向上的人生理想，增强为民族振兴而努力的使命感和责任感。

（二）学生主体意识与阅读

主体意识是指作为认识和实践活动主体的人，对自身的主体地位、主体能力、主体价值的一种自觉意识。在培养学生阅读习惯的过程中，培养学生的主体意识十分重要。随着课改的逐步深入，传统的被动学习方式已不再适用，教师要勇于探索，通过新方法激发学生的阅读兴趣，引导学生主动参与阅读活动，自觉开展阅读后的交流分享，让学生渐渐地喜欢上阅读，从阅读中汲取更多的知识，树立阅读信心，体会学习主人翁的感觉，从而爱上阅读，爱上学习。

二、着力设计，稳步推进

（一）制定计划，严格落实

《义务教育语文课程标准》（2022 年版）指出：小学生的阅读量，低年级段课外阅读量“不少于 5 万字”，中年级段课外阅读量“不少于 40 万字”，高年级段课外阅读量“不少于 100 万字”。笔者所在学校近几年来一直开展“行走在阅读间”活动，学生的阅读积极性很高。教师依托学校举行的活动，激发学生的阅读兴趣，使一批批“潺潺少年”“淼淼少年”“汤汤少年”等如雨后春笋般生长。对比这些学生阅读史，很容易发现他们在阅读的最初都在做着同一件事，即制定阅读规划。

1．制定阅读规划

阅读规划包含阅读时间、阅读内容等，是教师辅导学生进行整本书阅读的开始。在制定阅读规划之前，教师可以通过教学导读课，推荐好书，激发学生阅读的兴趣。课堂上，教师可以从书名、作者、写作背景、目录、精美的插图、书中精彩的段落等方面进行介绍，还可以说说与这本书有关的奇闻趣事，对这本书的感受和收获，充分营造阅读氛围，从而让学生对这本书产生浓烈的兴趣，激起阅读欲望。当“请你读”变为“我要读”时，引导学生做好阅读计划，提高阅读效率。制定的阅读规划样式不一，可以是纯文字，也可以做成表格样式。一般情况下，低年级段学生偏向制定表格样式，清晰明了，方便家长和学生一起操作。中高年级段学生偏爱纯文字形式的，除了必写的阅读时间和内容，学生还可以自由发挥，把阅读规划表做成自己喜欢的模样。下面列举了两个常用模板，在使用过程中还可以根据学生实际情况调整。事实证明，部分学生在使用阅读计划表一段时间之后，还会给自己制定学期的阅读规划，甚至下一年的阅读规划。

《　　》阅读规划表			
阅读时间	阅读内容	完成情况（完成打√）	备注

《　　》阅读规划

我计划用（　　）周读完这本书。每周我要读（　　）章（或回）。

每天我要花（　　）分钟进行阅读。

我要从书中选（　　）个故事讲给爸爸、妈妈听。

2. 做好阅读记录

导读推荐课之后，学生的阅读计划都已经完成，并与教师、同学及家长进行分享，但是阅读整本书的过程很长，要长期坚持，需要教师和家长的督促。为了使学生每天按计划完成阅读规划，教师可以布置作业——做阅读记录。做阅读记录的方式有很多，可以让学生每天阅读后请家长签字：“某某某×月×日读了《×××》第×页—第×页，用时×。家长某某某”第二天交给教师，这样家长也就参与进来了，协同学校一起督促孩子阅读。还可以直接从网上订购制作精美的“阅读存折”，与商家沟通后根据个性化需求进行设计，一般小学低年级段学生使用得较多。比如一年级填写的“枝头结硕果 悦读悦快乐”“阅读的足迹”如下：

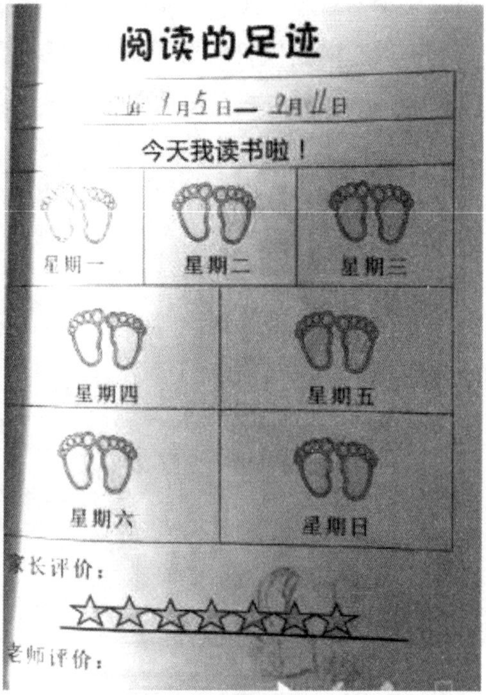

还可以在“班优”APP上布置打卡作业，学生完成阅读后，家长可以提交学生阅读的照片或视频，完成提交的学生就自动加分，通过APP实时提醒学生阅读，方便快捷。也可以在微信朋友圈进行每日阅读打卡如下：

“大家好！我是×××！我自愿参加【三（1）班·我读书，我快乐，我博学·百日诵读】阅读习惯养成第60天。出声朗读（背诵）《增广贤文》20分钟，默读《小鹿斑比》40分钟，共读书60分钟。【我的挑战对手是×××】战胜100天，加油！”

（二）及时反馈，形成助力

学生在教师推荐阅读一本书之后，初期往往兴趣浓厚，时间一长，不免失去新鲜感，再加上会有其他功课要做，部分学生的阅读进度就会放慢，甚至停滞。如果对于阅读任务没有及时反馈，学生就会产生侥幸心理，降低阅读效果。那么，教师可从以下几方面布置作业：

1. 口头讲述，交流阅读内容

教师利用语文课前5分钟布置作业：

> 请把你昨天阅读的内容讲给同伴听，每人时间2分钟以内。

为了让学生有新鲜感，可以每天变换形式，比如今天同桌互讲，明天前后桌两人互讲，后天三人小组内讲。

教师还可以布置抽查作业：

> 不管何时我遇到你，都可以检查前一天的阅读情况，请一定大方回答老师的问题。

这类作业实用性强，适合每个学段的每本课外书。

2. 快问快答，彰显阅读效果

为了保持新鲜感，教师还可以布置作业“快问快答”，即，把前一天计划阅读的相应章节内容以选择题、判断题或看图猜故事的形式展示，师问生答或者生问生答，谁提问谁就负责出要提问的题目。

如，统编教材语文五年级上册推荐阅读民间故事《田螺姑娘》，就可以让学生根据民间故事内容看图猜故事，提问者大致说图画内容，学生可以“听描述猜人物”。下面呈现的是“听描述猜人物”：

> 一个年轻的姑娘从水缸里缓缓走出，奇特的是她身上的衣裳一点也没湿，看起来是那样端庄美丽。这姑娘一大早开始生火做饭。（答案：《田螺姑娘》中的田螺姑娘）
>
> 长得俊俏，手脚伶俐，什么活，一看就会；什么难事，一经她的手，就能做成。本是龙王小公主，乐得人间享生活。（答案：《三妯娌》中的三嫂）

3. 背诵积累，留下精彩语句

阅读的书中，学生遇到自己喜欢的词语、有新鲜感的语句、有趣的谚语等，教师可以布置“背诵积累”作业。小学阶段正是学生记忆的黄金期，背诵能增强学生语感，提高口头表达能力，不断积淀，以达到厚积薄发。

（三）指导方法，深入阅读

在确定学生真正持续阅读“整”本书以后，教师就要给予学生阅读方法的指导，这是指导学生整本书阅读的重点。

1. 读书笔记我最美

阅读的时候勤于做读书笔记，可以加深对所读书籍的记忆，积累有用的素材，有效提高阅读效率，还可以训练学生的思维能力，促进深度阅读，这是一种重要的读书方法。教师可以针对不同学段学生的特点，布置“做读书笔记”作业。

比如，适合小学低年级段的“我是勤劳的小蜜蜂”，适合小学中年级段的“我积累　我快乐”，适合小学高年级段的“每日一赏”，如下图所示：

我是勤劳的小蜜蜂

我又认识了新字

____

四字词语来相会

______ ______ ______

______ ______ ______

______ ______ ______

优美句子来比美

____

____

____

1. 书写认真☺　2. 内容充实☺

我积累　我快乐

有新鲜感的词语

______ ______ ______

______ ______ ______

______ ______ ______

______ ______ ______

优美句子、段落

____

____

____

____

1. 书写认真☺　2. 内容充实☺

每日一赏

生活中不缺少美，而是缺少一双发现美的眼睛。愿你用心灵去捕捉，用妙笔去书写。

项目	选自
优美片段	
精彩赏析	
评价	1. 书写认真　2. 内容充实　3. 赏析认真

2. 批注我能行

批注作业是辅导学生深入阅读的有力手段，它不但可以培养学生的思维品质，体现思维的发散性和批判性，而且能提高学生的阅读兴趣，呈现学生的阅读效果，增强阅读信心，提升阅读能力。批注作业根据各个年级段不同，要求也有所不同。

小学低年级段的批注作业，更适合在书上做基础性的圈、点、勾、画。根

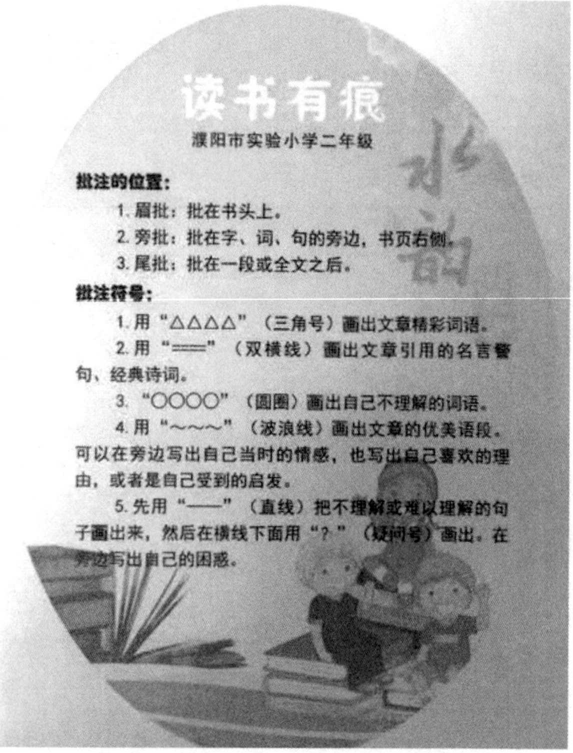

据所批注的不同位置，可以分为“眉批、旁批、尾批”三种。对于小学低年级段学生，教师教给学生批注的位置及批注符号之后，可以把这些注意事项做成“读书有痕”（见右图），粘贴在学生所读书的扉页，以保证批注的效果。

小学中高年级段的批注，则侧重于感受式批注和拓展式批注，教师可以引领学生从不同角度作批注。如，对课文题目或内容提出疑问，写下对课文内容的体会，文章中对写法的点评，读后获得的启发，由文章联想到的人或事……批注时，教师一定要教给批注的方法“抓住修辞手法，抓住关键词语，抓住空白”等，比如，遇到一个使用某种修辞手法的句子，就可以用这样的句式批注：

（　　　　）运用了（　　　　）的修辞手法，写出了（　　　　）。

又如遇到有画面感的句子，我们可以用这样的句式批注：

我仿佛看到（　　　　）的画面。《西游记》中有这样一段话：“峰岩重叠，涧壑湾环。虎狼成阵走，麂鹿作群行。无数獐豝钻簇簇，满山狐兔聚丛丛。千尺大蟒，万丈长蛇。大蟒喷愁雾，长蛇吐怪风。道旁荆棘牵漫，岭上松楠秀丽。薜萝满目，芳草连天。影落沧溟北，云开斗柄南。万古寻含元气老．千峰巍列日光寒。”可以这样批注：这句话是环境描写，读着文字我仿佛看到层峦叠嶂间云雾缭绕，时而阴风阵阵，时而野畜猛兽出没，阴森恐怖，真不愧有人说“山高必有怪，岭峻却生精”。

此外，教师还可以引导学生抓住关键词进行批注。句式：（　　　　）这些词说明了（　　　　）。比如《陀螺》一课中的句子：“这使我士气大减，只是在一旁抽打，不敢向任何人挑战。”可以这样批注：“士气大减”“在一旁”“不敢”说明了“我”当时有些自卑，觉得自己的陀螺不如别人的。

教给学生批注方法之后，要反复练习，这样才能够把批注作业落实到位。

3. 主要内容我知道

概括文章主要内容的作业，可以考查学生对作品内容的理解程度和掌握情况，还可以锻炼学生的语言表达能力。学生阅读一本书或者其中的某一章节后，可以在书中批注主要内容，也可以使用便利贴，把主要内容写在便利贴上，方便再次细读时查阅。当然，前提是教师要教给学生最基本的概括主要内容的方法，比如可以提供句式“谁在哪里做了什么事，结果如何?”随着年级升高，阅读内容的难度也会增加，针对不同作品要引领相应方法。

比如，五年级学生在阅读《西游记》原著时，可能会遇到困难，许多生僻字不认识，有些地名、人名等不理解，文中出现的诗句拗口难读，不懂意思，这时，就需要学生把这些不影响理解主要内容的都隔过去，忽略不计，用“不求甚解”的方法来读，力争引导学生结合全书回目，关注人物、故事细节。

为了利于学生更好地把握作品的主要内容，可以给学生布置梳理类作业。比如，阅读《西游记》时，教师可以让学生绘制取经路线图、梳理书中出现的人物、厘清取经途中经历的磨难等。其中，梳理人物时可以按妖怪、遇难时请来的救兵等来梳理。也可以绘制西游记人物扑克牌（正面是人物画像，背面是这个人物相关的故事或简介）。也可以制作人物名片，正面包括姓名、别名、家庭住址、兵器、性格特点、特长、结局等几项；背面是该人物画像。学生可以根据制作的人物特点呈现内容。

名片	
姓　名	
别　名	
家庭住址	
兵　器	
性格特点	
特　长	
结　局	

4. 赏析我最棒

赏析类作业，可以促进学生品味语言、深入阅读，让学生感悟到作者精妙的遣词造句、书中丰满的人物形象、故事情节内在的逻辑关系、视角独特的写作手法。

例如，找到《西游记》中和“三”有关的故事：“三打白骨精”“三借芭蕉扇”“三探无底洞”，引导学生关注这几个故事都有一波三折的故事情节，感受反复叙述的写法。如下表：

故事	章回	起因	经过	结果
三打白骨精				
三借芭蕉扇				
三探无底洞				

5. 创作我能行

创作类作业，是使学生的思维经历再加工、再创造的过程，可以为长期输入的阅读积累找一个出口，以提升学生的写作能力。本项作业是在概括文章主要内容作业和赏析作业基础上的拓展作业。可以设计如下作业：

《西游记》中读过“三打白骨精”的故事，可以对其进行改写。也可以以人物为中心把每回的故事串联起来，写写孙悟空传记，或者猪八戒、沙和尚、唐僧的故事，或者牛魔王的故事等。

三、坚持实践，保证实效

（一）适时指导

在整本书阅读的过程中，教师要时刻关注学生的阅读状态，反馈学生的阅读效果，纠正学生碎片化阅读的观念，树立整本书阅读的意识，依据学生阅读学情，教师可以在平时阅读、阅读指导课、推进课等环节进行读书方法指导。课堂上，教师可以选择学生比较喜欢的学习方式，恰当运用合适的阅读策略作支架，针对学情有目的地优化，促使学生在阅读的路上越走越远。

（二）师生共读

师生共读，既能为学生做榜样，还可以营造轻松愉悦的阅读氛围，形成良好的新型师生关系，促进师生间的有效沟通。师生共读有利于教师在平等对话中指导阅读方法，有助于激发学生阅读的动力和兴趣，从而引发学生阅读的内驱力，提高学生的阅读素养。

（三）读书交流

定期召开读书交流会，师生互动，共同成长。提前要求学生做好发言准备，可以朗诵或背诵喜欢的句段，可以发表自己的读书感受或收获。可以单独分享，也可以组合创新交流，让学生体验阅读所给予的滋养和快乐。

（四）夯实效果

随着“双减”政策的落实，学生的学业负担将会减轻，学生有了更充足的时间参与各类实践活动，也有了更多精力投入阅读中。在进行阅读整本书的过程中，要引领家长积极参与，家校共读，共同享受阅读带来的乐趣。

第二节　阅读展示类作业的设计

语文教学最重要的是培养读书的种子，近年来，阅读得到了中国教育界越来越高的重视程度。这一点在《义务教育语文课程标准》（2022 年版）中再次得以证实。根据阅读目的和兴趣选择合适的图书，引导学生在语文实践活动中制定阅读计划，综合运用多种方法阅读整本书，借助多种方式分享阅读心得，交流研讨阅读中发现的问题，积累整本书阅读经验，逐渐培养学生良好的阅读习惯，提高整体认知能力，丰富学生的精神世界。

一、增强阅读意识，用成果推动阅读

（一）从要求看阅读

《义务教育语文课程标准》（2022 年版）增加了对于“整本书阅读”的详细说明和要求，单看“学段要求”这一部分就可窥得一二。第一学段，阅读浅显易懂的图画书，体会读书的快乐，学习讲述书中的故事。第二学段，阅读儿童文学名著、中国古今寓言、神话传说等，能用自己喜欢的方式讲述故事，以口头或书面形式分享启示。第三学段，扩展阅读面，阅读文学、科普、革命传统等优秀作品，梳理、反思、分享自己整本书的阅读经历。

（二）从问题看阅读

纵观当下小学语文阅读教学情况，教师重课内、轻课外，缺乏课外阅读的指导、过程跟踪与成果评价的现象普遍存在。学生课外阅读兴趣淡薄，往往浅尝辄止。课外阅读和课内阅读是紧密相关的，课外阅读是语文课堂学习的延伸。叶圣陶曾说过，语文学习要“举一反三”，“一”是指课内学习，“三”是指课外学习。学生通过课外阅读，开拓视野，丰富见识，提升语文素养。作为教师，应着力采取有效的训练策略，激发并培养学生阅读各种类型读物的兴趣，有意识地让学生掌握读书方法，强化指导与管理，指引学生自主阅读，深化活动引领，使学生喜爱阅读、享受阅读。

（三）以成果促阅读

阅读成果展示，也是交流学习方法，是教师在日常教学中将学生的阅读成果或阅读收获展示、分享，促进个人进步的教学实践战略。阅读成果展示，是一种创新型教学方法，具有创新性、引导性、多元性的特征。增加学生的课外阅读兴趣，要求教师加强与学生之间的交流，提升学生的课堂互动性。为充分激发学生的课外阅读兴趣，要引导学生借助课外知识理解本文内容。歌德说：“看一本好书，如同跟一位高尚的人交谈。”学生在阅读完一些书后，有了一定的积累与感悟，就会产生表达的需要。教师应为学生搭建展示的平台，提供充分的时间和机会，让学生把阅读成果分享给同伴。这样，既能锻炼学生口语表达能力，又有利于对学生阅读效果的检测和评价。阅读成果展示，作为整本书阅读的最后一个环节，让学生体验整本书阅读带来的成就感，享受整本书阅读成果的喜悦，让学生真正喜欢上整本书阅读。

二、以作业为舞台，展学生阅读风采

（一）笔尖下的阅读

1.“阅读存折”

每个孩子从牙牙学语的时候，就窝在爸爸、妈妈怀里听他们念故事；步入幼儿园后，又可以自己翻看喜欢的图画书；初入小学阶段，便开始了真正的阅读之旅。这时教师可以给每个学生设计“阅读存折”，记录阅读量，如下图所示：

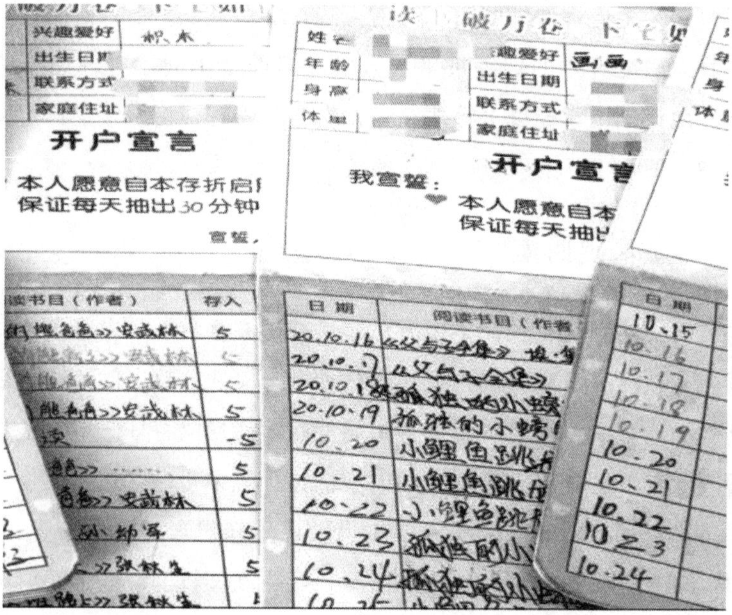

其实，把每个学生的阅读量记录下来，并采用存折的方式，就好似一笔巨额的精神存款，逐渐形成一座书海宝藏。每月定期对学生的阅读量进行汇总表彰，评选不同等级的阅读少年。这样一种阅读成果的展示，既是对平时热爱阅读的学生的肯定，又是对其他学生的激励，促其加入阅读的队伍。

2. “融阅读，会积累”

总有家长反映学生读过的书如流水，并没有真正融入大脑中，导致只会看“热闹”，不会学“门道”。其实，学生的记忆都是记得快，忘得也快，那我们该如何帮其记忆“雁过留痕”呢？比如，对于五年级学生阅读必读书目中国古典四大名著，便可以给学生设计日常阅读任务，由两部分组成，一是“融阅读”，即好词好句的摘抄。学生围绕近期读的书目，将平时自己每天阅读的精彩片段，或人物描写、场景描写、事物描写、写作手法，或生动情节摘抄记录。二是“会积累”，即表达自己的感受或是鉴赏评价。针对上面摘抄的片段，学生写下自己的感想，可以是鉴赏式，也可以是想象式，或联系实际式，设计如下：

阅读摘录卡

姓名：＿＿＿＿＿＿　阅读时间：＿＿＿＿＿＿

阅读文章或书目	
好词	
好句（段）	
我的感言	
教师的评价	

学生在每天记录的同时，还要会翻看回顾，对优美段落进行再复习，对相应写作方法再理解。教师每周举行展评活动，学生选择其中一段摘抄进行分享，这样，既让学生得到了展示的机会，还能让同学之间了解彼此阅读的课外书，互相激发阅读兴趣，一举两得。

3. “留言式阅读单”

为了能让学校的图书资源得到充分利用，在同年级内可以进行必读书目漂流阅读，给每本图书编码，每个学生在两个星期内读完再传递到下一个班级。可以设计“留言式阅读单”的阅读交流，即在每本书后附上阅读单，学生读完这本书，可以任选一个问题留言，这类问题也都是开放性的，学生可以自由表达。这本书传递到下一个学生手里时，他便可以浏览到这张“留言式阅读单”，从而激起其阅读欲望，以便快速进入阅读之旅。具体设计如下：

以统编教材语文三年级上册“快乐读书吧”中推荐阅读的《格林童话》为

例，在“留言式阅读单”中可设置如下：

读完后，我最喜欢的故事里面有趣的是________________________________

____

读完后，我最喜欢的人物是________，他（她）教会了我________________

____

读完后，我还有一个问题：____

读了________故事，让我想起了（提示：写生活中的事或明白的道理）____

____

……

阅读本来就是学生个性化行为。引导学生带着问题行走在文字间，与作品人物产生共鸣，借助文学形象完成自我教育，最终受到人生价值观的培养。同时，这张“留言式阅读单”架起了学生之间的阅读桥梁，不仅让学生阅读后的感受得到抒发，促进了新的阅读活动，还使下一个学生有了浓厚的阅读兴趣和明确的阅读方向。

（二）手指上的阅读

手指上的阅读，为学生提供了更多的展示形式，他们从众多选项中找到了自己喜欢的方式，于是读书不用再被催促，检测阅读成果不再是负担；相反，阅读与学生的个人特长互为融合，互为促进，展示阅读成果成为实现自我价值的一种手段，学生的阅读兴趣自然而然地就被激发了。

1. 人物小书签

在引导四年级学生阅读《中国古代神话故事》时，除了通过阅读单分享收获之外，教师还可以设计一些动手性的成果展示，让书本在学生的指尖上跳动。可以与美术老师结合，通过学生的自主选择制作喜爱人物小书签。可设计如下：

首先，分享自己最喜欢的中国神话故事中的一个人物，讲一讲精彩的故事情节，介绍人物的特点并记录下来。

接着，在美术课上或者利用课下时间，动手绘制自己的专属人物书签，完成选卡纸、绘画人像、裁剪过塑、点缀装饰等一系列实践操作。

然后，在阅读课上，学生展示设计成功的书签，和同学分享自己的设计元素，包括图片、文字、符号、颜色的含义。

最后，以习作的形式记录《中国古代神话故事》书签的过程及心得体会。

通过一系列的任务将阅读、实践、习作巧妙融合在一起，自己制作书签除了锻炼动手能力外，更重要的是对这本图书进行了深入阅读。

2. 故事连环画

在阅读教学中融入美术元素，就可以把书中的文字描述并转化为形象生动的画面，学生在这个过程中既理解了故事情节，又培养了动手和想象能力。对于五年级学生阅读《中国民间故事》，要帮助他们加深对民间故事的理解，增强语文阅读的趣味性，可以设计民间故事连环画的阅读活动。例如，围绕阅读中国民间故事《牛郎织女》时，可以按照如下步骤设计一期连环画主题活动：

第一步，小组成员合理分工，负责文字编辑、图画绘制等工作。

第二步，梳理好故事中的主要人物和主要情节。

第三步，思考故事中的哪些地方可以扩充，从哪方面描写补充，做好记录。

第四步，借助人物和添加的情节，展开丰富想象，创造性地在小组内讲一讲。

第五步，创作“牛郎织女连环画”。创作前，请美术老师做连环画创作技巧和绘画人物、场景指导。让学生充分发挥想象力，将图画和文字巧妙结合，展现故事情节。

3. 阅读手抄报

手抄报，是检验学生课外阅读情况的最有效方法之一。在阅读完一本课外书后，可以让学生设计一期阅读小报或阅读思维导图。学生围绕一本共读书目，自由选择绘制板块，可以是写作背景、作者简介、优美段落摘抄、人物形象分析、好书推荐理由等内容，将文字和图画相融合，设计内容充实、绘画精美的手抄报。如学生在阅读了《城南旧事》之后，阅读手抄报作业设计如下：

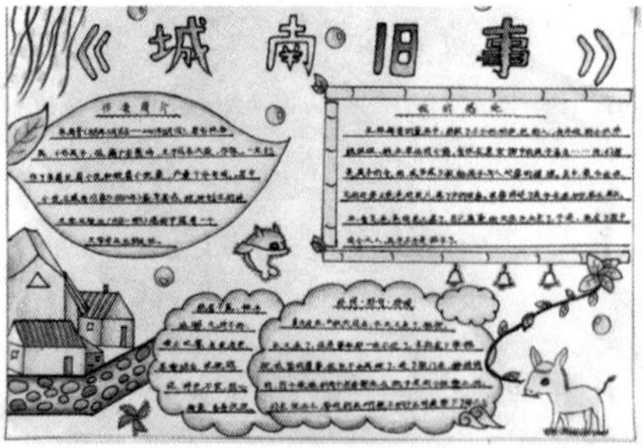

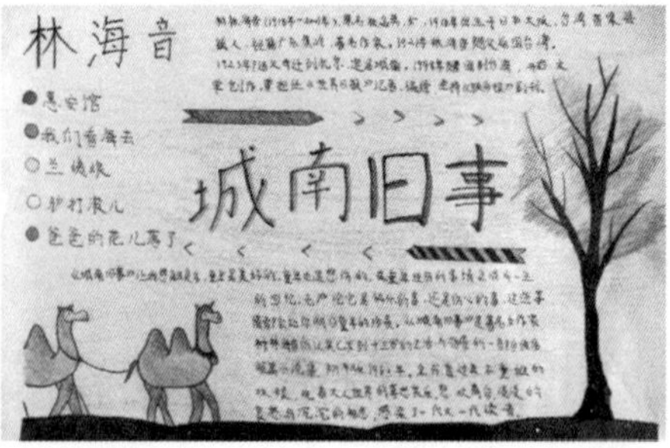

在绘制阅读手抄报的过程中，学生需要再次重温书中的内容，查阅一些资料，这就促使学生主动阅读并搜集资料，将所获信息选择、编辑、抄写、绘制插图。可以举行“我爱阅读”手抄报展评活动。要对每位学生的成果及时给予表扬和鼓励，评选“办报小能手”。让学生在活动中尝到成功的快乐，从而促进学生多阅读、多积累。

在阅读了《俗世奇人》之后，可以运用思维导图的方式梳理书中的代表人物、主要故事，如下图：

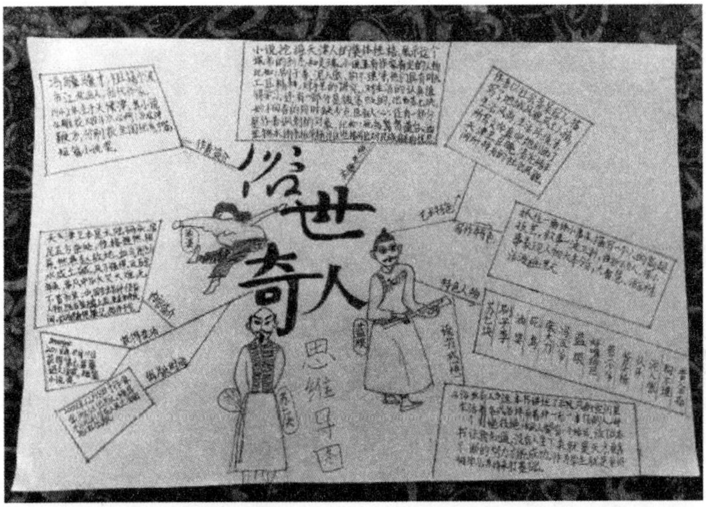

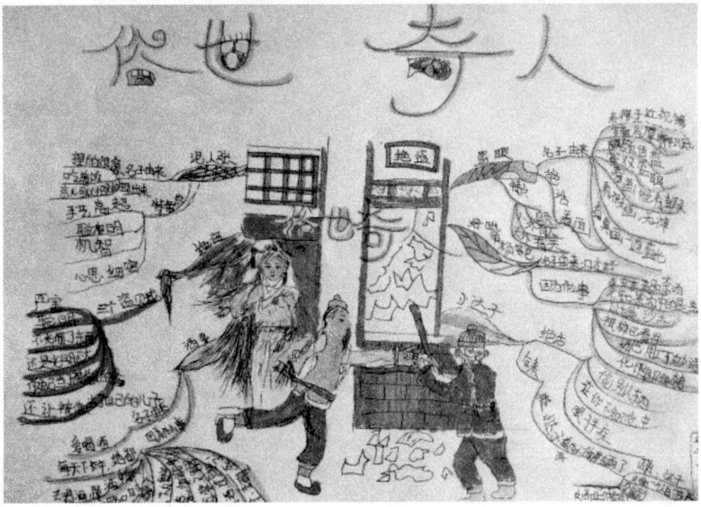

借助思维导图介绍人物，介绍相关的故事情节，不仅是语言表达能力的展示，更是思维能力的体现，对帮助学生宏观架构一本书有积极的指导意义。

4. 创意扑克牌

为进一步激发学生阅读积极性，让阅读有深度，让作业有趣味，教师可以结合教材和课外阅读的书目，指导学生制作有关民间故事人物、课文的作家、中国历史故事人物、《西游记》中人物、古诗故事情境等一系列的创意扑克牌。这样以画促读，提高学生学习与阅读的兴趣。具体步骤如下：

第一步，引导学生梳理本学期课本中讲到的作家、课外阅读书目中的人物角色、有趣的古诗。

第二步，请美术老师指导学生版面设计、线条勾勒、颜色搭配等绘画技巧。

第三步，在创作中可以独立完成，也可以两两合作，各尽其责，共同完成。

第四步，在绘制基础上玩转扑克牌。谁赢得的扑克牌多，谁就能荣获“中国历史人物”或“中国民间故事人物”之“百事通”的称号。

通过阅读，学生认识了许多文学大师、历史人物；通过玩创意扑克牌，学生玩出了智慧，玩出了合作。学生收获的不仅仅是一张手抄报、一个小制作，更是一种成长，一种个性的张扬，一种价值的体现。

（二）表演里的阅读

1. 辩论式成果展示

中国四大名著是五年级学生的必读书目，也是小学阶段每个学生都应该细细品读的经典著作。在四大名著中，学生百读不厌的就要数《西游记》了，谈起书中的人物和情节也都津津乐道。那如何将学生对《西游记》的阅读成果更好地呈现出来呢？孙悟空、猪八戒、沙和尚和唐僧四人取经路上特色鲜明，各不相同，就可以围绕人物特点设计一场别开生面的辩论赛，以辩论赛的形式有理有据地发表见解。

辩论主题：取经路上，孙悟空的功劳大，还是唐僧的功劳大？

正方观点：取经路上，孙悟空的功劳大。

反方观点：取经路上，唐僧的功劳大。

辩论赛前期准备工作：

第一步，自由加入正方或反方的队伍，确立观点。

第二步，广泛搜集实例，增加论据。

第三步，形成论点，自由练习，增加熟练度。

第四步，小组结合，组内推选小组代表。

第五步，各组代表参加终极辩论赛。

以辩论赛的形式进行阅读分享，方式新颖，学生参与度高。前期，学生要对这本书的人物和内容等做到真正深入阅读；中期，要为自己的论点进行资料整理和证据收集，对故事内容再次梳理；后期，辩论中需要明确观点、专注聆听、有目的地回应等。所以，整个阅读辩论活动既是一种有效阅读，又利于提高学生的沟通交流能力。

2. 表演式成果展示

每个学生天生都有着强烈的表现欲，善于用夸张的表情、肢体动作表达想法。因此，在阅读中可以巧妙地利用学生这一天性，将表演融入阅读。四年级阅读抗日英雄事迹著作，由于时代离学生较远，为了能更深刻地体会英雄情感，可以设计改编剧本、创作表演的阅读活动。具体设计如下：

第一步，根据学生特点，成立合作小组。

第二步，根据阅读书目，选择故事情节，确定剧目。

第三步，梳理关键人物的语言、神态、动作及情节场景。

第四步，查阅剧本资料，改编书中人物的对话表达方式。

第五步，适当添加符合舞台戏剧表演的一些要素。

第六步，完善剧本创编，分配角色。

第七步，排练表演。

一本书就这样由学生自读、自编、自演生动形象地呈现出来，亲身实践，把自己当成书中人物，把自己融入书中情节，还怎么可能对文本理解不深刻呢？

三、运用策略，切实可行

要根据小学生的年龄特点，设计有趣味性的作业，以唤醒学生对于阅读的兴趣和激情，选择富有生趣的表达方式，让学生的心智得到开发，感受到阅读的魅力。

（一）作业布置分层化

“教者若有心，学者必得益。”作业设计是一门艺术的创新，作为教师，要根据学生的实际情况，因人而异设计有效的语文作业。如，阅读一本课外书后，设计不同层次的作业：①摘抄积累好词、好句、好段；②给家人分享这个故事，说说自己印象深刻的情节或人物；③绘制阅读手抄报或思维导图；④结合阅读书目的特点，自由创新选择成果展示的方式。前两项作业可以要求人人完成，对学生能起到巩固阅读的作用，提高语言表达能力；第三项作业对中上水平的学生来说可以读画结合，既能锻炼构思设计的能力，还可达到对书中内容的再次梳理；第四项作业重在激发兴趣，让学有余力的学生通过课外阅读丰富课余生活，提高阅读理解能力。这样分层设计的作业面向了全体学生，利于发展学生个性。

（二）作业反馈多元化

没有良好的作业评价，教师就无法得到有效的教学反馈，更没办法在下次作业设计中关注学生的薄弱环节。教师除了要对学生的作业及时评价反馈外，还要注意评价的多元化。制定评价标准来衡量作业的完成情况、完成效率、书写质量等，可以用评等级、打卡、评语、颁奖仪式等方式评价学生的作业。教师要充分调动学生自评、互评，家长参与，网络评价等多方互动方式评价作业，促进作业实现多样化和趣味化。

第三节　跨学科融合作业的设计

小学低年级段跨学科融合作业的设计

“跨学科作业”是对学习资源的一种重新整合，是将新课程理念转变为一种具体的可操作的教学举措。跨学科作业拓宽学生知识视野，淡化学科界限，注重不同内容和方法的相互交叉与渗透，让学生在综合性实践作业中掌握知识，提升能力，为全面可持续发展奠定基础。

一、梳理脉络，精备学情

小学语文教学中，语文作业的内容在不同的学段存在一定差异。一、二年级语文练习内容以拼音和汉字的读写为主；三年级在原来基础上增加理解词语、变换句式、小练笔和习作部分；四、五年级又进一步提出了对文言文的理解和运用，课内外阅读理解和习作能力的提升的要求。小学语文统编教材的编排，呈现单元与单元、学段与学段的循序渐进、螺旋式上升的结构特点。创设跨学科融合作业，要尊重教材编写特点，符合学段要求，融合各学科内容和方法符合课程标准的范畴。

小学低年级段学生形象思维能力凸显，自控能力差，写字速度慢，逻辑思维较弱。小学中高年级段的学生理性思维开始发展，自主学习能力增强。设计跨学科作业，要围绕学生的接受能力和身心发展特点，尤其是小学低年级段的作业设计，无论是讲解巩固、专项练习、检查复习，都应围绕学生的需要而设计，以学生易于接受的、喜闻乐见的方式呈现。

二、多种学科，融合作业

（一）音乐促进朗读

统编语文教材一、二年级的儿歌和诗歌的比例较大。《对韵歌》《江南》《场景歌》《树之歌》《敕勒歌》等许多课文都具有很强的韵律感，为了让学生更容易地掌握课文内容，可以指导学生变换多种方式吟唱课文或借助乐器来读课文。

比如，《小兔子乖乖》这首歌谣节奏明快，读起来朗朗上口，很容易吸引学生的注意力，激发阅读的兴趣。可以这样布置预习作业：

请同学们自己配着节奏唱一唱《小兔子乖乖》，录成视频发到班级群。（可以边弹钢琴边唱，边敲鼓边唱，边做动作边唱……）

通过设计新奇有趣的预习作业形式激发学生的学习兴趣，为课堂学习做好准备。授课后让学生根据课堂上学习的朗读方法，自由朗读下面的儿歌（可以唱读、打节奏读、拍手读、比赛读……），练好后家长检查打分。

做早操

早上空气真叫好，
我们都来做早操。
伸伸臂，弯弯腰，

踢踢腿，蹦蹦跳，

天天锻炼身体好。

之后，再拓展《小老鼠上灯台》《拔萝卜》等儿歌让学生练读，在多样化的朗读形式中，让学生充分体会唱诵儿歌的乐趣。本周作业可以这样设计：

为了迎接教育戏剧节，班里想要邀请一个家庭表演《小兔子乖乖》剧目，请同学们今天晚上和爸爸、妈妈一起演一演，录成视频发到班级群。

学生可以通过网上投票选出自己心仪的作品，得票最高者代表班级参赛。《剪窗花》《春节童谣》《孙悟空打妖怪》《大小多少》等儿歌都可以采用唱读的方式。学生领唱、加速唱、比赛唱、表演唱；根据不同节奏唱，配乐唱，用拍肩、拍腿、拍桌子等击打节奏的方式唱，都能激发学生的读书热情。

（二）美术内化知识

美术和语文教学是密不可分的。《秋天》是学生步入小学后学习的第一篇课文，为了激发学生的学习兴趣，感受秋天的特点，布置“秋之韵”主题作业让学生创绘树叶画并在课堂上展示。统编教材语文一年级上册第八单元的“口语交际”是《小兔运南瓜》，可以引导学生发挥想象，自己描画结局。统编教材语文二年级上册第二单元的“口语交际”是“做手工”，为了让学生有话可说，有事例可写，语文教师可以与美术老师相结合，让学生在美术课堂上学折纸，用彩泥捏制手工作品，在语文课堂上，学生边展示作品边用“首先……接着……然后……最后……”介绍自己的创作过程，这样会取得良好的教学效果。

为了激发学生的写作兴趣，锻炼学生的写话能力。教师可以引导二年级的学生创编自己的“写绘日记”，右边写文字，左边绘制图画。创作主要围绕教材内容，遇到重要节假日也可以自己写绘。如：

图画	**彩色的梦** 我有一大把彩色的梦， 有的长，有的圆，有的硬。 他们躺在铅笔盒里聊天， 一打开，就在白纸上跳蹦。 脚尖划过的地方， （　　　），（　　　）； （　　　），（　　　）； （　　　），（　　　）， （　　）—（　　）—（　　）！ 在（　　）里， （　　　　）， 请（　　　）。 （　　　）上， （　　　）， 又（　　）又（　　）！ 我的彩色铅笔， 是大森林的精灵。 我的彩色梦境， 有（　　　）， 有（　　　）， 还有（　　）。

通过写绘结合的方式，学生能够创作许多优秀作品，比如《创编“神州谣”》《创编“彩色的梦”》《续写“我要的是葫芦”》《续写“狐假虎威”》，《千人楼》《千人衣》《长大以后做什么》《绿色清明，缅怀先烈》……

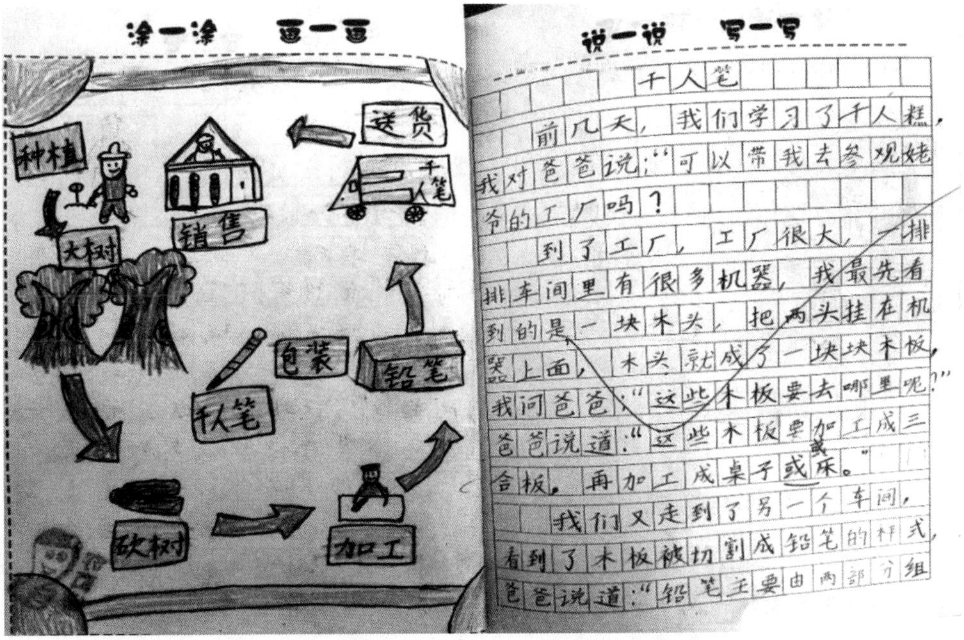

一个单元学习结束后，教师可以指导学生制作美食或生肖书签、创编识字小报、画思维导图等来梳理课文内容，让学生在绘画中巩固知识，在创作中提升审美能力。

（三）劳动提升能力

劳动教育是小学教学中不可或缺的一部分，语文教材里有许多跟劳动相关的内容。

1. 注重单元联结，逐步提升技能

统编教材语文一年级上册第五单元有《小书包》一课，课后当天的作业就是让学生按照课堂所学的方式自己整理书包，录成视频在班级群展示。

统编教材语文一年级下册第七单元《文具的家》《一分钟》两课，教师提前两周为学生布置作业：一分钟跳绳打卡、挑战一分钟整理课桌。让学生利用两周时间练习。之后利用课余时间在班级举行一分钟挑战大赛，进一步提升学生的劳动技能。

期末，可以在年级举行“融慧运动会”，让学生从“叠雨衣、系鞋带和整理书包”三方面进行为期一周的劳动技能的巩固练习。

2. 挖掘文本特色，创新劳动方式

统编教材语文二年级下册，学生的劳动机会更多。学习《邓小平爷爷植树》，教师可布置“种绿、浇绿、讲绿”的多选作业，让学生自主购买树苗、种植取名、浇绿护绿、拍照留念，并录制视频宣传植树节、劳动节知识，讲述劳动感受。

《雷锋叔叔，你在哪里》一课，当周布置“学雷锋叔叔做一件好事”的作业。《中国美食》一课，让学生学做一道家常菜，用“照片、手账、视频”方式展示。

3. 紧跟学习目标，应用社会实践

统编教材语文三年级上册第五单元主题为“留心观察”，习作要求是“仔细观察，把观察所得写下来”。为了激发学生的兴趣，巩固留心观察和细致观察的方法，教师可以设计以下“观察”作业：

给学生 3 天时间，让学生自选内容细致观察，选材可以是“醋泡鸡蛋、发豆芽、睡莲，小猫……”，并任选以下方式呈现观察所得。

观察记录单　写绘小报　手账　写日记

照片记录＋简要文字说明　视频剪辑后呈现（录制＋介绍）

……

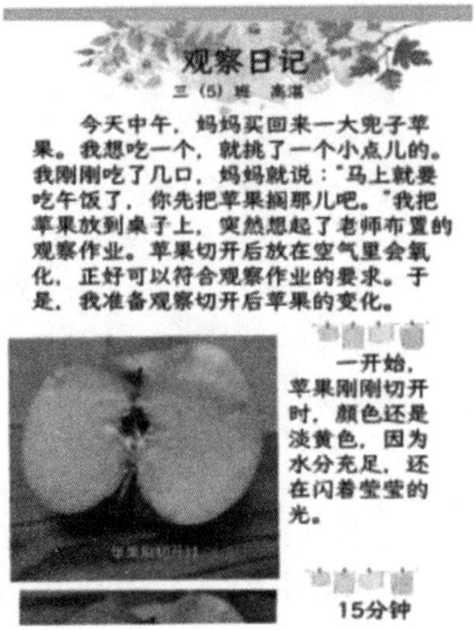

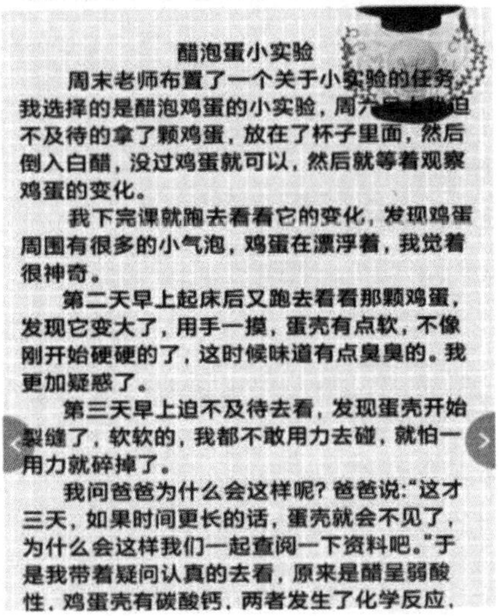

（四）科学翻新课堂

科学课是小学低年级段学生最喜爱的课程。《乌鸦喝水》一课，学生预习时可以尝试做一做实验，想一想蕴含的科学道理。《曹冲称象》一课的教学，可以与科学实验结合。

1. 让学生完成“曹冲称象”的实验，做完之后完成实验记录表

此项作业，是让学生在做实验的过程中解决以下问题：曹冲提出的办法究竟分为几步？为什么说曹冲的办法十分巧妙呢？

实验记录表

<table>
<tr><td>实验内容</td><td>“曹冲称象”</td><td rowspan="4">实验步骤</td></tr>
<tr><td>实验人</td><td></td></tr>
<tr><td>实验材料</td><td></td></tr>
<tr><td>实验结果</td><td></td></tr>
<tr><td>说明道理</td><td colspan="2"></td></tr>
</table>

完成后的实验记录表

<table>
<tr><td>实验内容</td><td>“曹冲称象”</td><td rowspan="4">实验步骤
（1）让大象上船。
（2）用笔标画深度。
（3）让大象下船。
（4）往船上放硬币（石头），直到吃水深度到画线处为止。
（5）称石头重量，做记录。</td></tr>
<tr><td>实验人</td><td>XXX 同学</td></tr>
<tr><td>实验材料</td><td>水盆、小铜盆、秤、硬币（石头）、大象模型、笔</td></tr>
<tr><td>实验结果</td><td>成功称出大象的重量</td></tr>
<tr><td>说明道理</td><td colspan="2">曹冲运用水的浮力作用进行测量，吃水线一样时说明船只承受的重量相等</td></tr>
</table>

2. 让学生把课后题“曹冲称象”的过程标上序号，然后给父母讲述一下“曹冲称象”的过程（可借助文中语言、可参照实验过程、可用自己的语言）

出示句式：

曹冲的办法真是巧妙！他首先_______________，然后_______________，接着_______________，之后_______________，最后_______________。

以展示的句式为模板，让学生根据实验过程或借用文体材料来练习表达，攻克课后题，锻炼按顺序说话的能力。

3. 让社团成员间自由交流并完成以下表格

解决办法	坏处	好处
造一杆大秤，用大树做秤杆		
把大象赶上船……		

学生在完成表格的过程中，不知不觉就解决了“想要称出大象的重量还有哪些方法”的问题。通过不同方法的好处和坏处对比，学生也更直观地发现曹冲所用方法之巧妙。学生可能会认为曹冲的办法能让大象毫发无损，也可能会觉得曹冲的办法不但省时省力，而且便于操作。在此基础上，教师可以引发学生进一步思考：“你觉得曹冲是一个什么样的人?”让学生在自主讨论思考中加深理解。

（五）多学科慧作业

语文课改以来，主题性学习成为课堂教学的主要方式。多学科的融合，既保障了课堂形式的新鲜有趣，又能够让学习的知识向纵深发展。如，《找春天》一课，就可以运用多学科相结合的方式，布置主题实践任务：

1. 开展“找春天”主题实践活动（一周）

请大家投入春天的怀抱，用眼睛看，用鼻子闻，用耳朵听，用手触摸，用心灵去感受，到大自然中找春天，然后根据自己特长，从以下任务中选一个，把你眼中的春天表达出来。选择相同任务的同学可以结成学习小组，进行展示。

（1）诵春天：朗读、积累有关春天的诗文。
（2）说春天：结合生活实践，描述自己看到的春天。
（3）写春天：把自己找到的春天描写下来。
（4）唱春天：演唱和春天有关的歌曲，也可以自己改编歌曲。
（5）画春天：到公园里，把自己看到的春景画下来。

2. 主题学习成果展示

（1）万紫千红总是春：采取男女生对抗赛的形式，背诵本组搜集的描写春天的古诗和儿歌。
（2）春天的脚步近了：第一步先采用开火车形式背诵积累的好词和好句，每人背诵一个词语或一句话。再将本组成员分成两个小组，进行对抗赛，朗读积累的优美散文段落。
（3）春在美妙歌声中：本小组由两名同学主持，采取节目演出的形式进行汇报。节目内容有：拍手唱童谣、儿歌（有领唱、齐唱，全组参与），配儿歌、童谣跳皮筋（四个同学边唱边和着节奏跳皮筋，其他同学齐唱），春天歌曲表演唱等。
（4）春在小朋友眼睛里：各小组采用绘画、写话、诗配画、写绘等作品展览的形式进行汇报。先将作品挂在教室里，并选出小解说员，全班同学排队参观。

3. 成果展后谈感受

学生交流参与活动的好处和感受。

“双减”政策颁布后，小学低年级不举行期末考试已成为共识。为了检测学生学习情况，可以依据学段特点举行“闯关”活动。如二年级可以设置如下闯关内容：

二年级分为“融融”“慧慧”两队。两个方队选手到达闯关现场后，他们佩戴着自己设计、绘画、制作的各种颜色，各色款式的“战甲”——鲤鱼头饰，手握“一跃化龙”闯关卡，摩拳擦掌，蓄势待发。（学生根据

要求制作“战甲”，复习学习内容）

（1）词语跳跳跳

将学生熟悉的跳房子和读词语结合起来，每跳一步需要正确读出小螃蟹卡片上的词语，“悬崖、尤其、朗润……”在蹦蹦跳跳中，不仅达到了训练手脚灵活性的目的，还完成了对词语认读的检测。

（2）口诀游游游

乘法口诀掌握得怎么样？游戏闯关来帮忙。在乘法口诀森林，选手们要在左右游动的同时快速说出刻在柱子上的算式得数，十几道算术题全部正确才算过关。

（3）时钟转转转

选手们随机抽取小鲤鱼卡片。不但要将小鲤鱼卡片上要求背诵的古诗完整流利地背诵下来，还要在时钟盘上拨出指定的时间才能过关。古诗与刻度的融合，设计巧妙，一举多得。

（4）成语冲冲冲

连闯三关，就来到成语冲冲冲环节。含有动物名称的四字成语卡并不完整，选手必须将遗失的部分一并说出，才算成功。

（5）一跃化龙

龙门近在眼前，跃过便可通关。选手们在龙门前奋起一跃，要在众多同音字中找到化龙金牌——“一跃化龙”四个字的正确书写。找到化龙金牌，就可鱼跃龙门，正式成龙。

（6）“墨”笔生花

举行活动后，让选手们以“写绘日记”的方式记录盛况，抒发情感。

就这样，通过多学科的融合，让学习更深入，让作业更有趣味，使检测更有意思。

三、规范作业，多样评价

（一）作业内容合理化

跨学科融合布置作业，并非天马行空式布置作业，这给教师提出了更高的要求。首先，要善于发现教材内容自身的特点，根据体裁要求、内容要求选择所要融合的学科；其次，要结合课程目标和课后习题有针对性地设置作业；再者，看看布置的作业是否达到练习的目的，不能为了跨学科而跨学科，更要避免布置“徒有形式而无效果”的“无效作业”。

（二）完成时间合理化

学段不同，学生接受的程度也不同；基础不同的学生，接受能力不同，作业的效果也不同，布置作业时要有所区别。一年级学生拼读方面存在一定困难，书写速度较慢。因此以安排非书面作业为主，少量多样地布置作业。如“读字词、唱背古诗、做一做、画一画……”一天的作业时间不宜过久，20～30 分钟即可。“系鞋带、叠雨衣、整理书包”等学生不易掌握的作业，可以采取反复竞赛、多次评比的方式提高速度，学生刚开始可能用时 5 分钟完成，之后就会越来越快。二年级学生的阅读能力有所提升，写字速度加快。非书面作业和书面作业可以相互辅助，如“写绘日记”，可以第一天写字，第二天绘画，每两天交一篇。

（三）评价方式多样化

评价是帮助学生建立信心、鼓励进步的动力机制。跨学科作业由于形式多样，对评价方式提出了更高的要求。除了常见的“同桌评价、家人评价、教师评价”之外，还可利用信息技术手段进行评价，如“途途朗读”“班级优化大师”“腾讯投票”“通关奖章”等。另外，在班级内开展“主题展览活动”，与任课教师共同评价都是评价的好方法。

小学低年级段语文教学跨学科作业，以学生喜闻乐见的方式解决知识碎片化问题，让学生在多元化、综合化的教育情境中进行深入、多角度地学习探索，引导学生在实践活动中巩固知识、发展能力，为小学中高年级段的学习打好基础。

小学中高年级段跨学科融合作业的设计

现在的社会是一个多元融合的社会，“双减”政策的出台更是对新时代的学生提出了更高、更全面的要求。知识学习并不再是唯一的目标，全面发展、成为融合型人才是未来的发展趋势。在此背景下，学校应该充分重视学科教研，以“积极融合项目化学习”为支架，坚持素养导向下的语文跨学科融合作业设计。《义务教育语文课程标准》（2022 年版）明确提出三大任务群，其中拓展型任务群中的跨学科学习任务群旨在引导学生在语文实践活动中，联结课堂内外、学校内外，拓宽语文学习和运用领域；围绕学科学习、社会生活中有意义的话题，开展阅读、梳理、探究等活动，从而提高分析问题、解决问题的能力，以及语言文字运用能力。我国 2019 年颁发了《中共中央 国务院关于深化教育教学改革全面提高义务教育质量的意见》，要求学校积极“探索基于学科的课程综合化教学”，探索弹性作业和跨学科作业。

一、以教材分析和学情分析为基础

跨学科融合，要求语文教师具有专业性和大局观，要明确“语文”是一个非常广的概念。进行跨学科融合作业设计，不仅要考虑其他学科的教材特点，还要努力寻找语文学科知识体系与同年级或跨年级其他学科知识体系之间的融合点。语文教师要结合课标和教材分析教学内容，联合其他学科教师，寻找各科教材中的关联交叉点，以实现跨学科融合学习。

作为教师，要充分了解学生的学习情况，以及学生的身心发展特点。结合学生的学习起点和学习兴趣，提炼核心知识，围绕语文跨学科关键知识的融合点，选择并确定项目主题，细化育人目标，创设小学语文跨学科作业设计与实施的特色路径。

二、融会贯通重提升

（一）学科融合提能力

跨学科作业强调打破学科界限，将相关学科知识围绕某一主题进行统整，学生在完成该类作业过程中需要找到不同学科知识的内在逻辑关联，综合运用多学科知识解决现实生活问题，在问题解决过程中，学生的跨学科思维得以发展，问题解决能力得以提升。

习作往往是让学生头疼的一项作业，学生经常不知如何下笔。即使平常阅读很多图书，但有些学生还是不能很好地完成自己的习作。针对这种情况，可以设计跨学科融合作业，让学生充分体验，调动积极性，以我手写我心，自然更加容易了。

例如，统编教材语文四年级上册第三单元，习作主题是“写观察日记”，教师可以这样设计跨学科作业：

（1）按照以下步骤选择一种适合自己的方案，一周时间完成。

观察	了解自己适合种植哪些植物？
分析	这些植物有什么特点？
综合	自然界中的植物给人类带来了哪些益处？
探索	养护植物：植物能够美化生活，带来乐趣。
	花叶贴画：植物带来绿色生活，创意无限。
	角色扮演：人与自然和谐共生，爱护花草。
反思	在整个过程中自己学到了什么？有何收获？

（2）有兴趣探究操作的学生，以“植物学家”身份去观察、分析、调研、实验，完成一份科学小报告，向大家介绍某种花卉能在特定环境中生长的原因；有演艺特长的学生，可合作编写剧本、排演童话剧，用演出展现“人与自然”和谐共生的美好情景；擅长种植或绘画的

学生，以“园艺师”身份绘制独特的“植物角设计图”，阐述选择这些植物的意图，植物的适合场所、种植方法等。

再如，统编教材语文五年级上册第五单元习作例文《风向袋的制作》，这是一篇说明文，学生学起来可能会感觉有些枯燥无味。但如果让学生在课堂上人人参与制作风向袋，并请科学教师现场讲解，就会有不一样的效果，也为习作任务“介绍一种事物”打好基础。可以这样设计跨学科作业：

(1) 请科学教师进入语文课堂，一边讲解一边制作风向袋。
(2) 分小组，学生合作制作风向袋，有不清楚的步骤可以查看课本或者询问教师。
(3) 制作完成后小组代表讲解制作过程，其他人评价是否讲清楚，并做出补充。
(4) 写一写制作过程。

在语文学习中，古诗是必不可少的。它蕴含着中国古人对大自然的热爱、对生活的向往、对家人的思念、对国家的忠诚等。古诗除了常规作业会读、会背、会写之外，更重要的是理解、感受诗人的情感。以统编教材语文四年级上册第三单元中的《古诗三首》为例，可以这样设计跨学科作业：

(1) 三首古诗的作者分别从不同的角度观察事物，让我们看到了不同事物不同角度的美。现在请拿起你的画笔，试着描绘出古诗中的美吧！
(2) 这么美的古诗，加上音乐吟诵又有不一样的感觉，选择合适的配乐，学着古人的样子吟诵古诗。
(3) 从不同的角度观察事物，就会有不一样的收获。你在日常生活中一定也观察到了这样的神奇吧，快快写下你的发现吧！

科教兴国，科技强国。如今科学技术发展日新月异，在小学阶段也更加重视科学课程，其所占课时比重也日益增加。在语文学习中，如果能巧妙地融合科学知识与科技制作，对提升学生的综合能力会有很大的帮助。

例如，在统编教材语文四年级上册第二单元《夜间飞行的秘密》一课中，可以这样设计跨学科作业：

（1）作者通过探索蝙蝠飞行的秘密，发现了超声波，超声波除了能应用到雷达上，还有哪些地方也离不开超声波呢？请你查阅资料寻找答案。
（2）人类从动物身上得到启示进行发明创造，使生活更便捷。生活中还有哪些发明创造是从动物身上起源的呢？请你查阅资料与同学们交流吧！

再如，统编教材语文四年级下册《纳米技术就在我们身边》一课，为学生讲解了21世纪纳米技术的广泛应用，可以布置这样的跨学科作业：

（1）课前查阅资料，了解纳米技术是什么，以及纳米技术应用到了什么领域。
（2）课后思考，如果让你利用纳米技术，你会把它运用到生活中的哪些地方？发挥想象说一说、写一写，未来的发明家就是你！

古往今来，许多动人的民间故事在各民族广泛流传，每一个故事都让人期盼向往或留恋惋惜，影响着一代又一代人。统编教材语文五年级上册中有很多民间故事，可以结合美术学科，设计“品读民间故事，巧手绘连环画”主题阅读实践活动，弘扬优秀传统文化，巩固学生对民间故事的理解，增强课外阅读的趣味性。具体可以这样设计：

（1）再读学过的民间故事，梳理故事情节，找到一个你最喜欢的故事。
（2）3～5人为一小组，分工合作，画图、写故事、排版、装订等，共同制作一本连环画。
（3）作品完成后，班级内进行展评，评选出优胜小组。

（二）生活融合育学生

语文学习不仅是在课堂上、在学科中、在学校里，其实还在于生活中的每一个场景中。因此，生活中的跨学科融合也很有必要。生活中的各个传统节日、重大事件等都能成为设计跨学科融合作业的素材。

红色经典是永远的传承，作为新时代好少年，不能忘记历史，要肩负起责任与担当，坚定爱国信念，发扬民族精神。可以结合爱国教育，设计“点亮中国红，坚定爱国情”跨学科作业：

(1) 讲好革命故事。通过制作讲解视频、制作手抄报等形式，更加深刻地感受到革命先烈的付出和牺牲。讲好红色革命故事，感受红色革命力量，传播爱国主义精神。
(2) 用手势舞歌唱歌曲《我和我的祖国》，抒发对祖国的热爱之情。
(3) 利用刚刚学过的小数乘除法计算法则，结合美术学科知识对校园绿地设计标识牌，让学生感受到爱护“大”家从热爱“小”家做起。
(4)“童心塑党史”。观看党史影视故事、阅读党史书籍，选择其中最具代表性的故事，用彩色黏土设计制作你心中的英雄人物和震撼的历史场景。

每年的春节是中国人最期待的节日，也是文化传统气息最浓的节日。教师可以利用寒假，结合年份属相，创新设计跨学科作业，比如，虎年可以设计这样的作业：

(1)“书香虎”：积累有关虎的四字成语、故事、对联，了解有关虎的生活习性，制作一张手抄报。
(2)“创意虎”：亲手制作虎头鞋、虎头帽、老虎模样的剪纸和彩塑，或者虎年邮票、虎年灯笼等，发挥自己的创意，表达对老虎的喜爱之情吧！
(3)“智慧虎”：将虎元素融入扑克牌设计中，让学生在玩中学、学中玩，一起分享快乐。
(4)“运动虎”：老虎是百兽之王，身体自然倍儿棒，你最擅长的是什么运动？录制运动小视频与大家一起强身健体吧！

教师在设计跨学科融合作业时，还可以参考校本课程，例如，阅读类的校本课程可以这样设计：

(1) 班级共读一本书，边读边做批注，写下自己的思考。开展“阅读交流分享会”或者“阅读大赛”，学生之间分享自己的心得体会，积分制抢答问题。

(2) 共读同类型的书籍，例如成语故事、民间故事等，选择你最喜欢的故事，讲给大家听，举行“讲故事大赛”。

(3) 以社团为单位，演一演。从剧本的改编，到角色的选定，再到排练、服装、道具、化妆等，最终来一场精彩的“教育戏剧展演”。

三、注重细节方成功

跨学科融合作业，应以项目式任务驱动和综合性主题为引导，设计系列综合性探究学习任务，从而实现跨学科观念、知识和实践之间的有机整合，提高学生解决问题、运用语言的能力。不管是学科间的融合，还是作业与生活场景的融合，都会有很多融合的地方。但是，一次跨学科的作业并不能提升学生各方面的能力，所以要持之以恒。设计融合的点要小而具体，方便学生操作，才会有明显效果。

跨学科融合的作业形式越新颖，学生的兴趣就越大。教师在设计作业时，要视学生的情况而定，以提升学生能力为主，不能只为了融合而融合，以免增加学生负担。作业应该是为学生成长服务的，所以，要努力让学生真正享受跨学科融合作业带来的乐趣。

跨学科作业的评价要灵活多样。不同程度的学生评价标准不一样，不同侧重点的环节评价标准不一样，对不同结果的评价也不一样。因为本身跨学科融合类的作业就没有固定标准，只要是学生在过程中尽自己最大努力完成，并且有所收获，教师都应该给予鼓励。